AF238273

Teatro sufragista estadounidense

Una muy nueva mujer
de Alice E. Yves

Algo por lo que votar
de Charlotte Perkins Gilman

**Una clase para aprender a votar
o una elección en Primerville**
de Kate Mills Fargo

Día de elecciones
de Emily Sargent Lewis

La jaula de las loras
de Mary Shaw

Nuestras amigas las antisufragistas
de Mary Shaw

Edición y traducción
de Verónica Pacheco Costa

PUBLICACIONES DE LA ASOCIACIÓN DE
DIRECTORAS Y DIRECTORES DE ESCENA DE ESPAÑA

PUBLICACIONES DE LA ASOCIACIÓN DE
DIRECTORAS Y DIRECTORES DE ESCENA DE ESPAÑA

Dirección editorial: Carlos Rodríguez Alonso y Manuel F. Vieites

Títulos originales: *A Very New Woman; Something to Vote for, A One
Act Play; A Voting Demonstration or an Election in Primerville. A Farce in
One Act; Election Day A suffage Play (A Comedy in One Act); , The Parrot
Cage, A Play in One Act; The Woman of It or our Friends the Antisuffra-
gists (A Satirical Comedy in One Act)*

© Del estudio y las traducciones: Verónica Pacheco Costa
Se han realizado todos los esfuerzos posibles para localizar a los/las propietarios/as
de los *copyright*. Cualquier omisión será subsanada en ediciones futuras.

© de la presente edición:
ASOCIACIÓN DE DIRECTORES DE ESCENA DE ESPAÑA

Primera edición: Junio, 2025

Reservados todos los derechos.
Cualquier forma de reproducción, distribución, cesión a terceros, comunicación pública o
transformación de esta obra solo puede ser realizada con la autorización de sus titulares,
salvo excepción prevista por la ley. Diríjase a CEDRO (Centro Español de Derechos Re-
prográficos, (www.cedro.org) si necesita fotocopiar o escanear algún fragmento de esta
obra

Publicaciones de la ADE
Serie: Literatura Dramática, n° 126

Paseo del Rey, 10, bajo A. 28008 Madrid (España)
http://www.adeteatro.com
correo electrónico: redaccion@adeteatro.com

Diseño: Tomás Adrián.
ISBN: 978-84-17189-63-1
Depósito legal: M-12748-2025
Imprime: Safekat S.L.
Impreso en España

Teatro sufragista estadounidense

Una muy nueva mujer
de Alice E. Yves

Algo por lo que votar
de Charlotte Perkins Gilman

**Una clase para aprender a votar
o una elección en Primerville**
de Kate Mills Fargo

Día de elecciones
de Emily Sargent Lewis

La jaula de las loras
de Mary Shaw

Nuestras amigas las antisufragistas
de Mary Shaw

Edición y traducción
de Verónica Pacheco Costa

Introducción

Por Verónica Pacheco Costa

Teatro sufragista y movimiento político-social

Las sufragistas y feministas de comienzos del siglo veinte en los Estados Unidos encontraron en el teatro el arma de propaganda política más útil, ya que la visibilidad e inmediatez del mensaje teatral en un escenario es comparable al mensaje político en una tribuna. Las mujeres no solamente conquistaron el espacio público del escenario y controlaron todo el proceso de representación teatral, sino que además lograron hacerse visibles en la sociedad y el sistema patriarcal conquistando numerosos derechos y libertades que antes le eran vetados. El derecho al voto, a la igualdad en el salario, el derecho al aborto y tantos otros derechos y libertades que hoy tenemos las mujeres tal vez no habrían sido posible sin sus obras de teatro. Como prueba de este convencimiento del poder influyente de este teatro político leemos en el periódico sufragista *The Vote*, en su número 12, publicado en diciembre de 1913 que la dramaturga británica Cicely Hamilton en una entrevista habló de la dificultad que tiene la que ciudadanía en darse cuenta de las nuevas ideas que se les presentan y que ella estaba convencida de que aquellos que no sentían mucha simpatía por las reclamaciones de las mujeres iban a entrar en el teatro a ver una de sus obras para al final salir convencidos y apoyando la lucha sufragista.

El público acudía a estas obras de teatro, inofensivas en apariencia, ya que no eran en sí mismas subversivas, ni constituían una propaganda agresiva, por lo que a primera vista no ahuyentaban al público no simpatizante con la causa sufragista, y que junto al uso de la ironía y el humor constituían un discurso subversivo muy poderoso. En este sentido, Sheila Stowell afirma que no hay duda de que el teatro sufragista se escribía como parte de un sistema organizado conscientemente para propagar las ideas políticas, (1992: 439). Como apunta Aston (2000:4) el estilo y el contenido de estas obras de teatro estaba determinado en gran medida por la realidad política del momento. El mensaje debía ser claro, accesible, educativo y entretenedor, con un estilo que Aston viene a llamar *agritpop comic-realism*, (2000: 5)

Estas obras ofrecían una oportunidad a las dramaturgas para que desarrollaran sus ideas y sus obras a salvo de las estructuras tan limitadas que la hegemonía patriarcal de la época imponía en el teatro comercial (Sotwell, 1992: 66, 67). Así, el teatro daba a las activistas la oportunidad de aparecer en público en un entorno seguro a la vez que aprovechaban para entrenarse para sus discursos públicos en otro tipo de actividades (Cockin (2007, Volume I, iv). Sin embargo, y pese a esta libertad para escribir, podemos afirmar que la literatura sufragista en general no se caracterizaba por ser innovadora en la experimentación de nuevas formas, sino que más bien se basaba en la descripción de sucesos que habían tenido lugar en sus actividades como por ejemplo sus reuniones, arrestos, manifestaciones y huelgas. Esto es consecuencia, como no podía ser de otra manera, del fin último de estas obras: la propaganda. De hecho, muchas de las obras de teatro representan conversiones a la causa sufragista de hombres y mujeres, manteniendo siempre la misma estructura social, de tal manera que las mujeres no eran una amenaza y sus reivindicaciones tampoco. Como añade Cockin (2007, volumen III: ix) el escenario en muchas obras es el interior de una casa, lo que pone de manifiesto el reto de trasladar la esfera doméstica, su realismo y naturalismo, al paisaje público y político. Además, como indica Joanou, escribir o actuar era un intento de "retar los argumentos anti-sufragio, como los que apoyaban que el hombre y mujer ocuparan esferas separadas" (1998:132).

A comienzos del siglo veinte, como no podía ser de otra manera, las sufragistas estadounidenses también comprobaron que el teatro era una herramienta muy útil desde un punto de vista político y pedagógico para la difusión de las ideas. La puritana sociedad de los Estados Unidos a finales del siglo XIX y comienzos del siglo XX consideraba a las actrices como mujeres públicas y al teatro como una actividad frívola y carente de sentido y moral. Esta situación de partida hacía muy complicada la existencia de dramaturgas sufragistas, pero no imposible. Este trabajo pretende visibilizar la valiosa actividad y lucha llevada a cabo por estas mujeres, que a través de sus textos consiguieron cambiar la opinión pública.

Movimiento sufragista en los EE.UU.

La convención anti-esclavitud de 1940 en Londres marcó el comienzo del movimiento sufragista en los EE. UU. Allí se encontraron y conocieron Lucretia Mott y Elizabeth Cady Staton y partir de ese momento, las dos activistas decidieron que la lucha por los derechos y por la igualdad también había que reclamarla para las mujeres y organizaron una primera reunión sufragista en Seneca Falls (Nueva York) entre el del 18 al 20 de julio de 1848. En este evento, al que asistieron trescientas personas, se redactó el documento fundacional del movimiento, basado en la Declaración de la Independencia de los Estados Unidos al que denominaron *Declaration of Sentiments*. Esta Declaración Sufragista usa el texto de la independencia de las colonias y la denuncia que se realiza en el mismo de la opresión sufrida en los colonos por parte del Reino Unido y lo reescribe, pero mostrando la opresión ejercida sobre

9

las mujeres norteamericanas por parte de los hombres. De esta manera, reescribiendo el documento fundacional de los EE. UU., las sufragistas denunciaron las restricciones, sobre todo políticas, a las que estaban sometidas las mujeres: no poder votar, ni presentarse a elecciones, ni ocupar cargos públicos, ni afiliarse a organizaciones políticas, ni asistir a reuniones políticas, ni tener propiedad privada, entre otras. A partir de ese momento, Elizabeth C. Stanton y la que sería su compañera en esta lucha de más de cincuenta años, Susan B. Anthony, trabajaron juntas para conseguir que las mujeres tuvieran los mismos derechos que los hombres.

En 1869, Stanton y Anthony decidieron crear una asociación que defendiera los derechos de las mujeres exclusivamente, *The National Woman National Association* (NWSA). Su batalla se centró en conseguir una enmienda a la Constitución norteamericana y, junto al derecho al voto, ellas añadieron otras muchas propuestas de reformas como por ejemplo la de la ley del divorcio, la ley de la propiedad y derechos laborales entre otros (DuBois, 1978: 15). Lucy Stone, por su parte, en ese mismo año fundó otra asociación en la lucha de los derechos de las mujeres, la *America Woman Suffrage Association* (AWSA). En 1890, estos dos grupos sufragistas norteamericanos se unieron más tarde en uno solo y el grupo liderado por Lucy Stone (*America Woman Suffrage Association*, AWSA) se integró en la asociación *National Woman Suffrage Association (NWSA)*, en la que Stanton permaneció como presidenta, Anthony como vicepresidenta y Stone como la coordinadora del Comité Ejecutivo. En esta nueva época, el relevo generacional hizo que la asociación viera cómo emergían figuras más jóvenes entre las que destacan: Anna Howard Shaw, Carrie Chapman Catt y Harriot Stanton.

El comienzo del siglo veinte fue muy importante para el desarrollo del movimiento sufragista, puesto que estaban consiguiendo una gran visibilidad y apoyo de la sociedad. En el Reino Unido se realizaron los primeros desfiles por la calle y las primeras acciones en las que tomaban los espacios públicos. El periódico *The Englishwoman's Review* condenó toda la violencia que estaban usando sus compatriotas británicas y algunas sufragistas norteamericanas se desmarcaron de estas tácticas tan poco "femeninas", si bien otras las apoyaban en la distancia. Aunque a finales del siglo diecinueve las sufragistas británicas estaban deseosas de escuchar a las norteamericanas, hacia 1907 esta situación cambia y son las estadounidenses las que se muestran mucho más interesadas por conocer los detalles de las nuevas tácticas del movimiento sufragista británico (Greenwood, 2000: 62). De hecho, muchas sufragistas de los EE. UU. viajan a Gran Bretaña para participar en las diversas manifestaciones y acciones organizadas, como es el caso de Alice Paul y Lucy Burns.

Una de estas nuevas tácticas llevadas a cabo por estas sufragistas más jóvenes fueron las huelgas de hambre, lo que constituía un sufrimiento humano indescriptible ya que eran alimentadas de manera forzosa, como relata Pankhurst (1914: 128). En una de las huelgas de hambre en Londres se conocieron Paul y Burns que, con el tiempo, se convertirían en las líderes más importantes del sufragio estadounidense de comienzos del siglo veinte: Lucy Burns descendiente de familia irlandesa, graduada por Vassar y Yale y Alice Paul descendiente de una adinerada familia cuáquera, y graduada por la universidad de Pennsylvania. Alrededor de la primera década del siglo veinte, las sufragistas norteamericanas Alice Paul, Lucy Burns, Ray Costelloe e Inez Millholland regresaron a los Estados Unidos muy influenciadas por lo que habían aprendido y vivido con sus colegas sufragistas británicas y uno de los ejemplos es la organización de desfiles a imagen y semejanza de los organizados en Londres (Greenwood, 2000:

11

129). Así, en marzo de 1913, Ann Howard Shaw, Alice Paul y Lucy Burns, inspiradas por sus vivencias con las sufragistas británicas, organizaron el mayor desfile nunca visto en Washington D.C. haciéndolo coincidir con el discurso de toma de posesión del presidente Wilson. Tanto Paul como Burns querían usar el acontecimiento para dar publicidad a su petición de incluir una enmienda en la Constitución de los Estados Unidos que garantizase el voto a las mujeres (Greenwood, 2000: 181).

El estallido de la Primera Guerra Mundial provocó una gran separación en el movimiento sufragista entre las líderes más veteranas y las más jóvenes. Mientras las primeras decidían frenar sus aspiraciones acerca del voto y concentrar sus fuerzas en apoyar al país en la contienda, las segundas fundaron el partido político *National Woman`s Party* (NWP) en junio de 1916. Alice Paul y Lucy Burns querían promover una lucha mucho más activa que la que se venía realizando desde la asociación NAWSA, es decir, a las malas con actos de desobediencia civil, protestas y huelgas de hambre. El hecho de ser un partido político y no una asociación las posicionaba en un nivel más igualitario y visible en ese mundo fundamentalmente masculino. En 1918 después de varios meses manifestándose a las puertas de la Casa Blanca, y con muchos altercados, el final de la contienda mundial, tratándose irónicamente de una lucha de hombres contra hombres, empoderó aún más a las mujeres. En enero de 1918, quince estados ya habían aprobado el derecho al voto de las mujeres y tanto el Partido Demócrata como el Republicano y el presidente Wilson apoyaban la enmienda. La Cámara de los Representantes aprobó la enmienda con el apoyo de dos tercios, pero se quedó estancada en el Senado. Esto provocó que el *National Woman's Party* organizara una campaña para ir convenciendo a todos los senadores que habían votado en contra y, finalmente, el 18 de agosto de 1920, el estado de Tennessee ratificó la enmienda; pocos días después, el 26 de agosto de ese mismo año, la decimonovena enmienda se incluyó en la Constitución de los Estados Unidos.

Teatro sufragista estadounidense

En el caso que nos ocupa, las sufragistas estadounidenses tuvieron grandes dificultades, ya que se enfrentaban a dos elementos que hacían que sus obras fueran una expresión social y cultural no muy aceptada: por un lado, la sociedad puritana y, por el otro, el sistema de producción teatral. Con relación al primer elemento, el teatro arrastraba ciertas reticencias a nivel social como el convencimiento que existía en los Estados Unidos decimonónicos de que el medio ideal para influenciar la opinión pública era la novela junto con la prensa y el panfleto, algo que explican Barbara Bardes y Suzanne Cossett (1990:4). Estas autoras añaden que en 1844 la *North American Review* comentó que "la novela se ha convertido en un ensayo sobre la moralidad, la economía y la política, acerca de la condición femenina, y sobre los vicios y defectos de la vida social" (Bardes, 1990: 7), de hecho, a mediados del siglo XIX era la novela el género mejor considerado como agente de control social.

El hecho de que el movimiento sufragista en los EE. UU. estuviera muy ligado al movimiento anti-esclavitud provocó que las mujeres norteamericanas salieran de ese espacio doméstico para luchar contra la esclavitud, haciendo circular y firmando peticiones, y hablando en público. Para Bardes & Cossett (1990:11) las mujeres, excluidas de la vida política y del derecho al voto, usaron otros medios para ser escuchadas, como la persuasión mediante la voz y los discursos en el espacio público. Irónicamente, esta misma restricción consiguió que las mujeres tuvieran que hablar en público, exponer su cuerpo y

13

por consiguiente convertirse en objeto de la mirada del hombre. Este rechazo a la mujer expuesta era algo generalizado en la puritana sociedad de los EE. UU., como comenta Laura Mulvey (1988: 63). Como cabría esperar, el cuerpo femenino en una tribuna pública, junto a su voz, la convierte en una mujer demasiado liberada para los estándares sociales de la época, no solamente en términos ideológicos sino también sexuales.

Con relación al sistema de producción, hay que tener en cuenta que la representación de las obras de teatro en general en los EE. UU. en el siglo diecinueve, era principalmente privada. Como explica Moody (1969: 615), las representaciones teatrales en los salones de las casas eran el entretenimiento más extendido de las familias de clase media. Esta situación se ha estudiado en los últimos tiempos como una característica cultural ceñida al siglo diecinueve en los Estados Unidos más que como un algo estrictamente literario o teatral. Halttunen (1982: 175) comenta con detalle en un capítulo de su libro cómo estos salones teatrales se convierten a partir de 1850 en un entretenimiento muy común en los que la burguesía norteamericana se relacionaba a nivel social. El hecho de que las representaciones teatrales generalmente se llevaran a cabo en los salones de las casas tiene como consecuencia que nos haya llegado poco material escrito de las obras representadas: ni programas, ni críticas literarias y en muchas ocasiones tampoco tenemos acceso a los textos representados. En algunos casos, si se congregaba demasiada gente, se alquilaban salones de hoteles y, con el tiempo, se crearon clubs y asociaciones teatrales que acordaban el uso de salas de teatro y cobraban una entrada simbólica destinada a algún fin social. Friedl (1987:3) apunta a que este sistema de representaciones con un carácter privado o un propósito social o caritativo favorecía la aceptación social del teatro que *a priori* era considerado una actividad frívola.

Las obras de teatro sufragistas no solamente tenían un fin propagandístico sino también pedagógico, ya que intentaban educar a la sociedad estadounidense acerca de los derechos de la mujer. Así, el teatro, la representación ofrece la posibilidad de participar en la "lectura" del mundo social y político de tal manera que todos los elementos participantes se ven unidos inevitablemente en la exploración del texto, en este caso en los papeles e identidades de las mujeres. Jill Dolan explica que estas "comunidades temporales" que construye la representación teatral son lugares de producción y de exploración y ofrecen un espacio para reflexionar sobre los cuerpos y su significado, lo visual y la materialidad de lo corpóreo, y, además, en el caso de las sufragistas les daba voz y presencia (Dolan, 1993: 460). El movimiento sufragista siempre estuvo convencido de que ellas eran parte de la sociedad y por ello invirtieron tanto tiempo y esfuerzo; tanto las sufragistas dramaturgas profesionales como las *amateurs* sentían la responsabilidad cívica de contribuir a un proyecto que iba a mejorar su país y a través del teatro encontraron la manera de hacerlo. La pedagogía social va, de manera inherente, unida al feminismo y, como comenta Claire Tylee, las representaciones teatrales refuerzan la ideología y el potencial del cambio ya que el teatro es uno de los vehículos principales para transmitir valores sociales, (Tylee, 1998:140).

En este proceso de pedagogía social y política del teatro sufragista, muchas de esas obras representan conversiones a la causa sufragista de hombres y mujeres, aunque siempre manteniendo la misma estructura social, de tal manera que las mujeres no representaran una amenaza y sus reivindicaciones tampoco. En los EE. UU., no solamente el escenario en muchas obras es el interior de una casa, lo que pone de manifiesto el reto de trasladar la esfera doméstica, su realismo y naturalismo, al paisaje público y político, sino que en realidad se representan en una casa, con las consecuencias que ello tiene en los elementos para la puesta en escena y su formato. Debemos pues analizar el contenido y el propósito de las obras sufragistas estadounidenses en función de estos aspectos performativos y sin olvidar otros aspectos formales como el hecho de que, por lo general, son obras de un solo acto. Evidentemente, el sistema de producción, el lugar en el que se representaban y el propósito de estas son razones más que suficientes para explicar que las obras fueran cortas. Selden analiza el formato de este tipo de obras de un solo acto y lo achaca a lo *amateur* de su producción y a la escasa preparación y presupuesto para el escenario y el vestuario (Selden 1947: 46).

Mensajes políticos en las obras de teatro sufragista en los EE.UU.

En general las obras sufragistas tenían dos propósitos fundamentales dentro de la pedagogía social que empleaban: servir de denuncia de las condiciones en las que vivían las mujeres, y provocar la conversión de las personas indecisas por la causa sufragista. En muchos casos el humor, el enredo, la ironía son claves para, por un lado, entretener, y por otro lado convencer. Un ejemplo claro de este tipo de obras es la escrita por Alice E. Yves en 1896 y que lleva por título *A Very New Woman* y que en este libro se ha traducido por *Una muy nueva mujer*. Esta obra se desarrolla en su totalidad en la sala de estar de la Sra. Curtis Twillington que en ese momento está junto a su hijo, Arthur, esperando a que llegue la prometida de éste, Edith. Arthur elogia constantemente a su prometida por ser una mujer femenina, dedicada a su familia y a su casa. La madre de Arthur en seguida se rebela contra esa idea anticuada de su hijo y entonces la situación de enredo se empieza a crear ya que el público tiene información que Edith no posee:

> **ARTHUR.–** Además, no puedo decir que admire a la "nueva mujer" como esposa.
>
> **SRA. TWILLINGTON.–** (*Fría*) Cualquiera diría que has tenido un ejemplo tan espantoso en tu madre.
>
> **ARTHUR.–** (*Herido*) Madre, no diga eso.
>
> **SRA. TWILLINGTON.–** Bien, no hay motivos para esquivar la cuestión. Sabes muy bien que soy una mujer avanzada. Creo que la mujer tiene que ganarse la vida, si así lo desea, de cualquier manera legítima. Creo que tiene derecho a mejorar física y mentalmente hasta el punto más alto que cualquier otro ser humano pueda. Tiene derecho al voto y a cualquier puesto sobre la faz de la tierra al que pueda aspirar otro ser humano y al que ella también está preparada.

En un momento de la conversación entre los tres en la agradable sala de estar, Edith confiesa que ha llegado tarde porque venía de una reunión sufragista, ante la sorpresa de Arthur y la alegría y alivio de su futura suegra. En ese ambiente de apoyo que recibe Edith de la señora Twillington sigue con su confesión y relata que está estudiando Derecho y que solamente le quedan por terminar unos exámenes. En ese momento percibimos el asombro de Arthur que al comienzo de la obra se mostraba feliz con el hecho de que su futura esposa fuera una ama de casa sin ambiciones. Después de las revelaciones de Edith, Arthur se muestra incluso más satisfecho de que la realidad no sea esa y leemos lo que le dice a ella:

> **ARTHUR.–** Nunca, cariño. Perdóname por no saber que eres una nueva mujer. El caso es que te dije esas cosas porque quería complacerte. No estoy disgustado, sino más bien sorprendido. Debes ayudar a mi madre a que me enseñe.

La obra termina con la conversión del personaje masculino a favor del voto y de la independencia de las mujeres y dejando en manos de las dos mujeres la labor pedagógica de enseñar a Arthur y a los hombres en general qué es ser una mujer. Toda esta labor política y social que lleva a cabo la obra se realiza, como he comentado antes, sin salir del salón de una casa de clase media y sin cambiar la estructura social basada en la familia.

Otra obra que usa el recurso del humor y de la ironía es la escrita por Mary Shaw en 1914 con el título *The Woman of it or Our Friends the antisuffagist* y que en este libro hemos traducido como *Nuestras amigas las antisufragistas*. Esta obra es el ensayo de los discursos antisufragistas de un grupo de mujeres a las que se les unen otras tres damas como espectadoras. Los discursos que se escuchan en el escenario son proclamas en contra del voto de la mujer y otros derechos como ciudadanas y a favor de lo que se vino a llamar *womanly woman* o mujer femenina cuyo único deseo en la vida es tener una familia y amar y ser amadas:

> **SRA. ALLRIGHT.–** (*Llamando al orden*) Señoras, señoras, señoras. Nosotras no queremos monumentos ni alabanzas. Solamente queremos ser amadas. Y derrochar amor sobre algo, aunque ese objeto no lo merezca. Desperdiciar amor si hace falta. Solo cuando amamos somos realmente mujeres.

En varios momentos de la obra, de un solo acto, las mujeres anti sufragistas repiten frases e ideas como si fuera un catecismo, para generar unión en el grupo, pero a la vez estas ideas muestran lo ridículo de su posición como anti sufragista. Una de las frases a modo de mandamiento que repiten es: "MUJERES.– (*Al unísono*) Ten tan poco cerebro como puedas y no uses todo lo que tengas". Una de las mujeres presentes toma la palabra para contar una historia acerca de una sufragista que como estaba tanto tiempo fuera de casa ya no conocía a su hija, retomando la idea de que las sufragistas abandonan a sus familias. Sin embargo, en un momento de la obra, una de las anti sufragistas también se pregunta lo mismo de ella, que pasa mucho tiempo fuera de casa en esa asociación en contra del voto de la mujer.

Al final de la obra las tres invitadas se levantan y dicen que tienen que irse pero que sin duda les ha gustado mucho estar allí puesto que se van más convencidas que nunca del sufragio para las mujeres, de hecho, creen que todo lo que han escuchado y visto es una manera que tienen las sufragistas para convencer a las personas indecisas como ellas:

SRA. ALLRIGHT.– ¿No les gustaría unirse a nuestro club?

SRTA. BERRY.– No podemos.

SRA. ALLRIGHT.– ¿Por qué? ¿No quieren pensarlo después de escuchar todo lo que hemos dicho?

SRTA. BERRY.– Oh, sí, hemos descubierto que somos sufragistas.

MUJERES.– ¡Sufragistas!

SRA. GROUCH.– Sabía que eran sufragistas en el momento en el que la vi.

SRTA. MOORE.– La otra noche le dije a una amiga que iba a ir a una reunión sufragista para ver si yo lo soy o no. Ella dijo "No. Ve a una reunión anti sufragista. Te convertirán en sufragista en un momento". Todo el mundo dice que ustedes consiguen más sufragistas que las propias sufragistas.

SRTA. BERRY.– ¿Siempre lo consiguen tan rápido? ¡Es maravilloso!

SRA. ALLRIGHT.– ¿Qué está diciendo?

SRTA. MOORE.– Bien, francamente, señoras, hemos descubierto su secreto.

SRA. ALLRIGHT.– ¿Nuestro secreto?

SRTA. MOORE.– Sí y es muy inteligente. Debo felicitarlas, jajajaja.

SRTA. FOSTER.– Al principio pensamos que de verdad se creían todo lo que estaban diciendo, ¿verdad? (*risas*)

SRTA. MOORE.– Luego, nos percatamos de que todo era una farsa estupenda.

SRA. ALLRIGHT.– ¿Una farsa?

SRTA. BERRY.– Un juego espléndido. Representar a la "mujer femenina" tan bien que incluso las mujeres más indecisas se lanzan al sufragio como un refugio de la dignidad y respeto hacia sí mismas.

SRTA. FOSTER.– Así que ustedes y las sufragistas trabajan juntas, de manera diferente, para convertir a todas las mujeres a favor del sufragio, ¿no?

Como es de imaginar, la presidenta de este club anti sufragista se desmaya después de escuchar todo esto. Esta obra es un claro ejemplo del uso del teatro como texto político gracias a la representación precisamente de discursos políticos. El público no deja de escuchar una sátira de los argumentos en contra del sufragio y cuando parece que en la obra no pasa nada, el humor y la ironía y la conversión de los personajes cierran el círculo.

Uno de los temas más recurrentes de las obras sufragistas es la denuncia de problemas sociales que afectan a las mujeres y a la sociedad en general y la necesidad, por tanto, de que las mujeres tengan derecho al voto, para poder evitar dichos problemas. Un ejemplo de ello es la obra *Something to Vote for* de Charlotte Perkins Gilman, escrita en 1911 y que hemos traducido en este libro como *Algo por lo que votar*. Esta obra, de un acto, se sitúa en el salón de la casa de una mujer muy influyente en la ciudad, la señora Mary Carroll, presidenta de un club de mujeres. Ella ha organizado una charla con James Billing, el presidente del Milk Trust, o la Fundación para la Leche, para hablar de la calidad de la leche artificial que toman los niños. A la vez, también ha invitado a la doctora Strong, que, con la ayuda de Henry Arnold, un inspector de leche, destapará los problemas de calidad de la leche.

De nuevo, el escenario es un salón de una casa de clase alta, con las sillas mirando hacia un estrado que se ha preparado para la charla informativa. Antes de empezar la charla, la doctora Strong prepara un enredo con un billete marcado que dejará al señor Billing al descubierto puesto que intenta de alguna manera sobornar al inspector. A la vez, la doctora Strong cambia la leche que lleva el Sr Billing, sobre la que se le realizará una prueba, por leche comprada de verdad en una tienda y adulterada.

La charla comienza sin sobresaltos, en la que el Sr. Billing tiene la oportunidad de elogiar la calidad de la leche que vende y distribuye. Cuando la Dra. Strong toma la palabra para pedir el voto de las mujeres casi la totalidad de ellas se molestan y le piden que se calle:

> **DRA. STRONG.–** (*Se acerca a la tarima*) Señora presidenta, damas, caballeros. No esperaba hablarles hasta después de leer las actas por lo menos. Pero estoy muy contenta de estar aquí y me siento muy honrada al haber sido aceptada en el club que, por lo que sé, es el más importante club de mujeres de esta comunidad. He escuchado que es un club muy conservador, pero sé que están interesadas en uno de los movimientos más importantes de nuestros tiempos, una cuestión de política práctica, la leche pura. (*Las damas se molestan ante la palabra "política"*). Es una pregunta importante, la más importante, la que afecta al corazón de la madre y al sentido del cuidado de cualquier mujer. Es una cuestión de ahorrar dinero y salvar vidas, las vidas de nuestros hijos pequeños. No conozco de ningún otro tema que haga que todas las mujeres quieran votar. El voto es nuestra mejor protección. (*Mucha confusión, "noes" y charla entre las mujeres. Una sisea. La Sra. Wolverhampton se levanta poderosa*).

Después de unos minutos de receso, para calmar el ambiente, la charla prosigue con los datos que aporta la doctora Strong sobre la alta mortandad entre bebés lactantes que sufren de problemas estomacales por culpa de la leche y mueren. Después tiene lugar la prueba empírica sobre la botella de leche, previamente cambiada por la Dra. Strong. La prueba que se realiza sobre la leche da como resultado que la leche no es pura, sino que está adulterada con almidón y además sucia de todo tipo de bacterias, como la difteria, que causan la muerte de niños y bebés. De hecho, entre el público de la charla hay madres cuyos hijos han muerto por culpa de la leche contaminada. Podríamos suponer que entre el público también habría madres y padres que hubieran pasado por el mismo doloroso trance. La obra termina, como no podría ser de otra manera con la conversión de las mujeres presentes en la charla en favor del voto de las mujeres sin dejar de lado la defensa a ultranza de la familia:

> **SRA. CARROLL.–** Y yo también Sr. Billings. Me ocuparé de que el Sr. Arnold mantenga su puesto. Le necesitamos. Usted dijo que este club podía liderar la ciudad; que las mujeres que estamos aquí podemos hacer lo que queramos, con nuestra influencia. ¡Ahora veremos lo que conseguimos con nuestra "influencia"! Ricas o pobres, estamos desamparadas a menos que despertemos ante el peligro y nos protejamos. Para esto es para lo que sirve el voto, señoras, para proteger a nuestras familias. ¡Para proteger a nuestros niños! ¡Estoy deseando ir a votar ahora mismo! ¡Me encantaría votar! ¡Ya tengo algo por lo que votar! Amigas, hermanas, todas las que estén a favor del sufragio femenino y de la leche pura que digan sí.
>
> *(Las mujeres del club se levantan y agitan sus pañuelos, al tiempo que gritan ¡SÍ! ¡SÍ!).*

No podemos olvidarnos de la labor pedagógica de las obras, que en este caso tiene su reflejo en la obra de Kate Mills Fargo, de 1912, *A Voting Demonstration* o como hemos traducido aquí *Una clase para aprender a votar*, cuyo título es fiel reflejo de lo que sucede en la misma. El escenario reproduce una sala de votaciones a la que entran varias mujeres acompañadas de un profesor, agentes de policía, funcionarios, un inspector y un juez. El profesor va a ir explicando cómo es el proceso de votación y algunas de las mujeres van a ensayar cómo hacerlo. Todas ellas se equivocan en algo: no tener la documentación en regla, no estar apuntada en el registro, o bien en no marcar la opción en la hoja de votaciones. El profesor va indicando cuál ha sido el error y explicando cómo deberían haber realizado el proceso de votación:

> **DOCENTE.–** Ser consciente de que debe usarse el sello puede parecer un detalle sin importancia, pero cualquier irregularidad en el proceso de marcar la opción provocará que el voto sea inválido. Precisamente si prestamos atención a estos pequeños detalles antes de ir a votar es lo que hará que el proceso de votación de la mujer sea un servicio sencillo y placentero.

Después de varias pruebas por parte de las mujeres que asisten a la clase, el profesor termina la clase recapitulando los puntos más importantes a tener en cuenta y concluye la obra recalcando la importancia del voto de las mujeres para el mejor gobierno del país. Lo más interesante de estas últimas palabras son dos elementos clave: el primero es la comparación que realiza con la iglesia, algo muy apropiado dado el puritanismo y la importancia de la religión en la sociedad estadounidense de comienzos del siglo veinte, y el segundo el hecho de que lo pronuncie un hombre, considerado superior en inteligencia y moral y por tanto con un mensaje mucho más verosímil que el de una mujer:

> Otra idea para que las mujeres tengan en cuenta y la difundan es que los colegios electorales son lugares tan legítimos para las mujeres como las iglesias. Son tan sagrados como las iglesias. Vamos a las iglesias para aprender a comportarnos de manera correcta. Vamos a los colegios electorales para poner en práctica estos principios.

La obra de Emily Sargent Lewis, *Election Day*, de 1912, traducida aquí como *Día de elecciones*, pone en práctica la votación por parte de dos de las mujeres de la obra. El texto se desarrolla en el salón de una casa de clase alta, en el que la señora Gardner está desayunando con su hija y por la que pasan diferentes personajes. Los comentarios de la señora Gardner sobre el sufragio al comienzo de la obra, como era de esperar, no son nada positivos y afirma que ella está feliz dejando el peso de la política sobre los hombros de su marido. El primer personaje que pasa por el salón es un trabajador de color, Augustus, al que la señora Gardner le pregunta por el tema y él contesta:

> **AUGUSTUS.–** Bueno, no es por razones personales. Mi esposa vive en Virginia y esa enmienda no le beneficia, no, señora. Pero como puede ver soy mayor. Recuerdo cómo me sentí cuando el presidente Lincoln nos dijo a la gente de color como yo que podíamos votar como los demás. Me hizo sentir que era tratado como los demás. Respetable y todo eso. Estoy seguro de que a ustedes, las mujeres, les gustaría sentirse así, que las tratan como los demás.

El siguiente personaje en aparecer es Katie, la chica que lava la ropa y que le cuenta a la Sra. Gardner y a su hija que su marido la abandonó a ella y a sus hijos y a la que la Sra. Gardner alaba por su trabajo y tesón. Una vez que se marcha de la escena, madre e hija siguen hablando y ya podemos percibir que la madre cada vez más se aproxima a la idea sufragista de la hija. En ese momento entra Tom Randolph, el prometido de la hija, Dorothy, que habla maravillas acerca del derecho al voto de las mujeres en lo que parece ser una conversión, puesto que la Sra. Gardner le recuerda así que él estaba en contra del sufragio:

> **SRA. GARDNER.–** Tom, pero tú siempre has hablado en contra del sufragio femenino.

RANDOLPH.– Era algo sin pensar, Sra. Gardner. Nunca lo había meditado. Yo solamente pensaba que no querría que mi mujer hablara de política conmigo porque siempre he sido muy estúpido en esos temas, y no querría que mi mujer se enterara de lo tonto que soy, pero (*riéndose*) al final se dará cuenta de todas maneras.

La obra termina con el convencimiento y la conversión de la Sra. Gardner y el plan de ir a votar de todas maneras, aunque no les esté permitido a las mujeres, lo que recuerda sin duda, el intento realizado por Susan B. Anthony en 1872 y que le costó un juicio, una multa y mucha atención de la prensa y de la sociedad norteamericana hacia la lucha que ella y Elizabeth Cady Stanton estaban llevando a cabo en los inicios del movimiento sufragista estadounidense.

Conclusiones

He dejado para las conclusiones la obra de Mary Shaw, *The Parrot Cage* (1914), traducida aquí como *La jaula de las loras*, en la que se representan varios arquetipos femeninos con la apariencia de loras dentro de una jaula. Los diferentes personajes son la lora Filistea, la lora Espíritu libre, la lora Idealista, la lora Racional, la lora Escéptica o la lora Teóloga. Además, en la obra se incluye la voz de un hombre que se acerca de vez en cuando para decirles que son unas loras muy bonitas. La obra se desarrolla en una única escena en la que las loras discuten con la lora Espíritu libre que quiere ser libre, mientras que ellas están conformes con su vida dentro de la jaula y temerosas de salir. Todas ellas repiten las mismas frases que la campaña anti-sufragio había incorporado a su discurso, como por ejemplo la lora idealista: "IDEALISTA.– ¡Paz! ¡Paz! La más alta misión de una lora es ofrecer felicidad a una familia, silbando y repitiendo *Polly bonita*". Finalmente, la lora de espíritu libre consigue huir de la jaula mientras anima a las demás a que la sigan, pero las otras loras que simbolizan a las mujeres anti-sufragio o a las que no se han decidido todavía, no la siguen porque tienen miedo a lo desconocido.

En la obra se observa claramente cómo la autora, Mary Shaw, critica y ridiculiza a esas mujeres no decididas ya que implícitamente con su pasividad están apoyando el sistema patriarcal que las tiene atadas. Incluso la lora teóloga, en sus últimas frases, repite las palabras del hombre que dice "Polly bonita", "Rasco la cabeza de Polly", y se convierte en la imagen de la sátira que representa la sujeción de la mujer ante el dominio masculino. Esta obra, junto con todas las demás escritas por y para el movimiento sufragista estadounidense contienen los mensajes que calaron en la sociedad y que finalmente consiguieron que las mujeres obtuvieran sus derechos civiles y políticos en igualdad con los hombres, desde el escenario.

Fuentes citadas

Aston, E. & J. Reinelt, ed. (2000). *Modern British Women Playwrights*, Cambridge: Cambridge University Press.

Bardes, B. & S. Cossett. (1990). *Declarations of Independence. Women and Political Power in Nineteenth Century American Fiction*. New Brunswick: Rutgers University Press. BRTC (Billy Rose Theatre Collection). New York Library.

Cockin, K. (2007). *Women's Suffrage Literature, Volume III*. London: Routledge

Dolan, J. (1993). "Geographies of Learning: Theatre Studies, Performance, and the 'Performative.'", *Theatre Journal* 45.4, pp. 417-41.

DuBois, E. C. (1978). *Feminism and Suffrage: The Emergence of an Independent Women's Movement in America, 1848-1869*. Ithaca: Cornell University Press.

Friedl, B. (1987). *On to Victory. Propaganda Plays of the Woman Suffrage Movement*. Boston: Northeastern University Press.

Greenwood Harrison, P. (2000), *Connecting Links. The British and American Woman Suffrage Movement, 1900-1914*.

Halttunen, K. (1982). *Confidence Men and Painted Women. A Study of Middle-class Culture in America, 18830-1870*. New Haven: Yale University Press.

Joanou, Maroula & June Purvis. (1998). *The Women's Suffrage Movement. New Feminist Perspectives*. Manchester: MUP.

Moody, R. (1969). *Dramas for the American Theatre, 1762-1909*. Boston: Houghton Mifflin Company.

Mulvey, L. (1988). *Feminism and Film Theory*. New York: Routledge.

Pankhurst, E. (1914/ 2015). *My Own Story*. London: Vintage Books.

Selden, S. (1947). *First Steps in Acting*. New York: Appleton.

Stowell, S. (1992). *A Stage of their Own. Feminist Playwrights of the Suffrage Era*. Manchester, Manchester University Press.

Tylee, C. M. (1998). "A Better World for Both: Men, Cultural Transformations, and the Suffragettes". In Joannou and Purvis, eds. *The Women's Suffrage Movement: New Feminist Perspectives*. New York: Manchester UP, pp, 140-156.

Una muy nueva mujer

de

ALICE E. YVES

(1896)

Traducción de Verónica Pacheco Costa

PERSONAJES

SRTA. EDITH PARKER
SRA. CURTIS TWILLINGTON
SR. ARTHUR TWILLINGTON

Sala de estar de la Sra. Curtis Twillington. A la derecha una chimenea. La entrada al vestíbulo a la izquierda. Se ven las escaleras al fondo. Todos los elementos indican riqueza y buen gusto. La Sra. Twillington está sentada frente a la chimenea encendida en un sillón cómodo.

SRA. TWILLINGTON.– (*Mira su reloj*) Justo a tiempo. Arthur nunca me habría perdonado si llego tarde. Estoy aquí para conocer a mi futura nuera, la que será la Sra. Twillington. Cielos, como siempre dicen las mujeres en los libros, a las que se les propone matrimonio, ¡todo es muy repentino! El noviazgo ha sido muy rápido. Nunca me imaginé que él tenía una relación, cuando, de repente me informa de que está comprometido y que me la va a presentar. Arthur todavía no es mayor para casarse. Veamos (*pausa, para pensar*). Setenta y dos, no setenta y uno. ¡Vaya! Tiene veinticuatro (*suspira*). Entonces imagino que tiene edad para casarse (*suspira más profundamente*). Voy a ser suegra (*suspira todavía más profundamente*). Lo siguiente será que sea abuela. Ah, esto de ser madre. (*Suena el timbre*) ¡Aquí están!

Entra Edith Parker y Arthur Twillington desde la entrada.

ARTHUR.– Madre, esta es Edith.

SRA. TWILLINGTON.– (*Se dan dos besos*) Encantada de conocerte Edith, supongo que te puedo llamar así.

EDITH.– Por supuesto.

SRA. TWILLINGTON.– Ahora, Arthur, acompáñala a mi habitación para que se quite el abrigo y el sombrero. Encontrarás a Maggie o alguna otra ama de llaves para que la ayude.

(Salen Edith y Arthur)

31

Parece una buena chica. Un tanto sumisa y paradita, pero guapa y con estilo.

(Entra Arthur ya sin abrigo)

ARTHUR.– *(A la Sra. Twillington)* Encontré a Maggie en el vestíbulo y puse a Edith a su cuidado. ¿Qué te ha parecido?

SRA. TWILLINGTON.– Querido ¿qué puedo decirte después de un vistazo? Pues que es guapa.

ARTHUR.– *(Entusiasmado)* ¿Verdad?

SRA. TWILLINGTON.– Sí, viste bien. ¿Es una nueva mujer?

ARTHUR.– *(Fríamente)* No imaginarías que me casaría con una mujer mayor ¿no?

SRA. TWILLINGTON.– Querido, ¿serías tan amable de respetar a tu madre y no hablar de edades?

ARTHUR.– Madre, sabes que nadie piensa en la edad en tu presencia.

SRA. TWILLINGTON.– Oh, eso es muy dulce y amable por tu parte, pero estás evadiendo mi pregunta y lo sabes. Quiero saber si ella es una mujer de nuestros tiempos, si tiene ideas avanzadas y esas cosas.

ARTHUR.– Oh Dios, pues espero que no.

SRA. TWILLINGTON.– ¿Esperas que no? ¿No lo sabes?

ARTHUR.– Bueno, verás, es que Edith y yo nunca hemos hablado de ideas avanzadas, nosotros, nosotros solamente…

SRA. TWILLINGTON.– Solamente habéis estado abrazados.

ARTHUR.– (*Parece un poco atontado*) Supongo que eso también. Pero no todo el tiempo. Pero te puedo decir que Edith lee mucho, de hecho, leemos juntos a Tennyson,

SRA. TWILLINGTON.– Mmm.

ARTHUR.– Oh, sí, y también es una encantadora ama de casa. Una de esas mujeres femeninas que escasean tanto en estos días.

SRA. TWILLINGTON.– Mmm. ¿Cuándo encontrarse tiempo para descubrir esas cosas? Antes de conocerla en el bar Harbor no sabías nada de ella, ¿no?

ARTHUR.– Cierto, pero pude percibir mucho en ese momento.

SRA. TWILLINGTON.– Sin duda.

ARTHUR.– (*Ansioso*) Madre ¿por qué hablas así? No tendrás prejuicios contra Edith antes de conocerla, ¿no?

SRA. TWILLINGTON.– Oh no. Pero es natural que una madre esté alerta ante el posible barrido de su influencia de veinticuatro años por veinticuatro días de otra mujer.

ARTHUR.– ¿Qué quieres decir?

SRA. TWILLINGTON.– Quiero decir que suponía que te había educado para creer en la mujer avanzada y aquí, de repente, te vas por las ramas con la postura de esta chica y te horrorizas ante la simple mención de la palabra.

ARTHUR.– No es lo que ella piense, madre. Ella nunca ha estado en contra de mi creencia en la mujer avanzada, pero creía que ella era tan delicada, como una flor y conozco sus modales modestos, femeninos y nunca hemos hablado de estos temas.

SRA. TWILLINGTON.– (*Pensativa*) Mmm.

ARTHUR.– Además, no puedo decir que admire a la "nueva mujer" como esposa.

SRA. TWILLINGTON.– (*Fría*) Cualquiera diría que has tenido un ejemplo tan espantoso en tu madre.

ARTHUR.– (*Herido*) Madre, no diga eso.

SRA. TWILLINGTON.– Bien, no hay motivos para esquivar la cuestión. Sabes muy bien que soy una mujer avanzada. Creo que la mujer tiene que ganarse la vida, si así lo desea, de cualquier manera legítima. Creo que tiene derecho a mejorar física y mentalmente hasta el punto más alto que cualquier otro ser humano pueda. Tiene derecho al voto y a cualquier puesto sobre la faz de la tierra al que pueda aspirar otro ser humano y al que ella también está preparada.

ARTHUR.– Sí madre, ya sé que crees en esas cosas.

SRA. TWILLINGTON.– Y yo pensaba que tú también. Nunca te lo he preguntado, pero lo daba por hecho. Y creo que teniendo en cuenta cómo te he criado después de todo…

ARTHUR.– (*Aprensivo mira la puerta*) Madre, por favor, no. Puede entrar en cualquier momento.

SRA. TWILLINGTON.– Ojalá entre, quiero que escuche lo que tengo que decir.

ARTHUR.– (*Suplicando*) Por mi bien, por favor, no la asustes. Consigue que te quiera un poco antes de abrumarla con tus ideas.

SRA. TWILLINGTON.– Vale, entonces, no soy del todo despreciable.

ARTHUR.– Sabes que no lo eres. Eres una de las mujeres más fascinantes de Nueva York. ¿Acaso no te lo dicen allá a dónde vas?

SRA. TWILLINGTON.– (*Con sarcasmo*) Ah, sí, es cierto.

ARTHUR.– (*Insinuante*) Ahora, por favor, prométeme que no dirás nada acerca de salir al mundo y hacer el trabajo del hombre.

SRA. TWILLINGTON.– ¿Ni de tener un puesto importante?

ARTHUR.– Cielos, no.

SRA. TWILLINGTON.– ¿Ni de estar en política?

ARTHUR.– (*Horrorizado*) No, si me quieres.

SRA. TWILLINGTON.– ¿Ni del derecho al voto?

ARTHUR.– (*Más horrorizado*) Cielos, no.

SRA. TWILLINGTON.– Vale, porque me lo pides tú, me callaré y me quedaré quietecita. Nunca pensé que llegaría a hacerlo.

Entra Edith

SRA. TWILLINGTON.– Querida, pasa, siéntate al lado de la chimenea (*le señala la butaca*) ¿Tienes frío después del paseo?

EDITH.– Oh, no, en absoluto. Quizá pensaban que había huido, ¿he tardado mucho? Me di cuenta de que me había enganchado la falda en algún lugar y estaba rota. Tuve que pedir al ama de llaves aguja e hilo.

SRA. TWILLINGTON.– Veo que eres cuidadosa y le has dado unas puntadas a tiempo. Arthur me ha dicho lo doméstica y ama de casa que eres.

EDITH.– Sí, pero me temo que no es por elección propia. Mi madre murió cuando tenía doce años y tuve que hacerme cargo de mis cuatro hermanos pequeños.

SRA. TWILLINGTON.– ¡Pobrecilla! Eso seguro que fue una lección dura. Y seguro que te hiciste mayor antes de tiempo. Pero también fue un entrenamiento maravilloso como futura esposa. No has tenido tiempo para caer en la moda de la mujer de fin de siglo.

EDITH.– (*Bastante hundida*) No, no he tenido tiempo para esas cosas, pero sí para tener un para trabajo serio.

SRA. TWILLINGTON.– Eso es mucho mejor. Ser la cabeza de una casa y mantenerla me parece una de las ocupaciones más serias que se pueden tener.

EDITH.– Sí, pero no es solamente eso, ya sabe (*dudando*).

SRA. TWILLINGTON.– Supongo que también cuidar de los niños, remendar su ropa, cuidar de que se tomen la medicina.

EDITH.– Oh, por supuesto. Pero yo me refiero, a … a, dedicarme a mi propia educación, y a encontrar mi lugar en… (*en un aparte*) ¿Tendré la valentía de decírselo?

SRA. TWILLINGTON.– En un matrimonio. Ya veo lo que quieres decir. Y ese sentimiento te honra, en estos días, cuando las mujeres no parecen pensar que sean adecuadas para un puesto tan honroso.

EDITH.– (*Avergonzada*) Oh, yo…yo… no que me refería a eso… yo… (*en un aparte*) Edith Parker eres una cobarde miserable. ¿No te das vergüenza?

SRA. TWILLINGTON.– (*Cogiéndola de la mano con cariño*) Ahora, querida, no importa lo que querías decir. Estoy segura de que era algo dulce, generoso y femenino (*le da un beso*).

EDITH.– Usted es encantadora, justo como me dijo Arthur. (*Suelta la mano de la Sra. Twilllington, se levanta, se va al otro lado de la habitación, y habla al público*) ¿Voy a ponerme a llorar o voy a ser valiente y se lo voy a contar? ¿Qué debería hacer?

SRA. TWILLINGTON.– (*Atizando el fuego*) Arthur, acércate y trae más carbón, ¿te parece querido? (*Los dos intentan animar las llamas y no ven la agitación de Edith*).

ARTHUR.– No hace frío madre. Tuvimos que correr un poco para llegar.

EDITH.– Sí, yo me retrasé un poco, estaba en una reunión.

SRA. TWILLINGTON & ARTHUR.– ¿En una reunión?

EDITH.– Sí.

SRA. TWILLINGTON.– Oh, supongo que de algo relacionado con la parroquia.

EDITH.– No, una reunión sufragista.

SRA. TWILLINGTON.– (*Divertida*) ¿Sufragista?

ARTHUR.– (*A la vez*) ¿Qué?

EDITH.– Sí, pertenezco a la liga sufragista.

SRA. TWILLINGTON.– ¿Perteneces?

ARTHUR.– ¿No querrás decir que…?

EDITH.– Sí, eso mismo. Soy la secretaria.

ARTHUR.– ¡Bien!

SRA. TWILLINGTON.– ¡Bien! (*Se* ríe con moderación)

EDITH.– (*Consternada*) Oh, por favor, no se rían de mí. Creo que podría soportarlo todo excepto eso. Tenía miedo de que me intentaran contradecirme, quizá odiarme, pero no puedo soportar que me ridiculicen. Ya ha sido muy duro decirlo, oh, no saben lo difícil que ha sido.

SRA. TWILLINGTON.– (*Intenta parar de reír*) Querida muchacha (*se ríe de nuevo a carcajadas mientras mira la cara de consternación de su hijo Arthur*), Oh, oh, oh, jajajajajaja.

EDITH.– (*Se levanta*) Pero, les aseguro que esto no es una moda ni un divertimento temporal. Siempre he sentido que las mujeres deben tener los mismos derechos que los hombres. No creo que nunca haya pensado lo contrario. No es una simple charla conmigo misma. He trabajado para lograrlo, y tengo la intención de seguir haciéndolo.

SRA. TWILLINGTON.– Pero querida…

EDITH.– (*Alterada*) Oh, sé que debería haberlo dicho antes; que debería habérselo dicho a Arthur, pero vi que él estaba en contra de lo que él llamó "la nueva mujer" y…

ARTHUR.– ¿Cuándo dije yo eso?

EDITH.– Bueno, demasiadas veces.

ARTHUR.– Yo pensaba que tú no creías en esas cosas.

EDITH.– Ya sé que lo pensabas, y sé que no debería haber dejado que lo creyeras; pero... pero... yo no era una nueva mujer en ese momento, y era débil y... y...

ARTHUR.– (*Acercándose a ella*) ¡Cariño!

EDITH.– (*Se aparta*) Espera. Hay algo más que tengo que decirte, y es peor. He estado estudiando... derecho.

ARTHUR.– ¿Derecho?

EDITH.– Sí, y ya solamente me quedan los exámenes. Pensé que podría dejar todas mis ambiciones, e ideas, todo, por ti, pero me he dado cuenta de que no puedo. Debo decírtelo e irme, aunque se me rompa el corazón. (*A la Sra. Twillington*) Siento mucho haberle dado este disgusto, porque... porque...

SRA. TWILLINGTON.– ¿A mí? ¿Disgusto? En absoluto, porque yo soy una nueva mujer. Verás, Arthur me hizo prometerle que no te asustaría. Él sabe que yo pertenezco a una sociedad sufragista.

EDITH.– ¿Usted?

SRA. TWILLINGTON.– Sí, y si él no quiere una nueva mujer pues que se vaya y consiga una vieja mujer. Tú y yo llevaremos las riendas juntas (*se acerca a Edith*).

EDITH.– (*Le da un beso*) ¡Qué buena es usted! Pero yo no querría que ustedes dos se pelearan, lo mejor es que me vaya. Si él se siente de esa manera, nunca podremos ser felices. Sí, será lo mejor, me voy. (*Rompe a llorar*).

ARTHUR.– Nunca, cariño. Perdóname por no saber que eres una nueva mujer. El caso es que te dije esas cosas porque quería complacerte. No estoy disgustado, sino más bien sorprendido. Debes ayudar a mi madre a que me enseñe.

EDITH.– (*Tímida*) ¿Estás seguro de que tú no quieres enseñarme?

ARTHUR.– Seguro. No podría mejorarte. Debes hacer lo que creas conveniente.

EDITH.– (*Pícara*) y ¿Puedo votar?

ARTHUR.– Tan pronto y tantas veces como te deje el gobierno.

EDITH.– Y ¿mis estudios de derecho?

ARTHUR.– Lánzate tú sola o vente conmigo. Tengo una oficina doble, ya sabes (*ella duda*). Querida, dime algo. No me tengas así esperando.

EDITH.– Yo…yo…acepto la oficina doble. (*La Sra. Twillington le da un beso, y Arthur la abraza*)

SRA. TWILLINGTON.– (*Se aleja*) Voy a ver cómo va la cena.

TELÓN

Algo por lo que votar

Obra en un acto

de

CHARLOTTE PERKINS GILMAR

(1911)

Traducción y notas de
Verónica Pacheco Costa

PERSONAJES

SRA. MAY CARROLL. Una viuda joven y rica; anti sufragista; Presidenta del Club de Mujeres; líder social.

DRA. STRONG. Médico, de Colorado, interesada en el sufragio de la mujer y en la leche pura.

SRTA. CARRIE TURNER. Secretaria del Club, aspirante social; está de acuerdo con todo el mundo; anti sufragista.

SRA. REEDWAY. Vocal del Club, de buen carácter, insignificante y mayor; anti sufragista.

SRA. WOLVERHAMPTON. Rica, impresionante, matrona de media edad; anti sufragista.

SRA. O'SHANE. Pequeña mujer de negro, delgada, pobre.

LOUISE. Criada.

MUJERES DEL CLUB. La Sra. Black, White, etc…

SR. HENRY ARNOLD. Inspector de leche.

SR. JAMES BILLINGS. Director del Consorcio de la Leche.

Duración: 50 minutos

Lugar: un salón, porche o jardín, que pertenece a la Sra. Carroll.

Materiales necesarios: Muchas sillas, una mesa pequeña, una pequeña plataforma cubierta con una alfombra, un timbre de mesa, dos jarras de agua, un vaso, un jarrón, dos botellas de agua, harina, un poco de suciedad negra, un papel amarillento, tinta roja, un ramo de flores, dos pañuelos grandes y limpios, un pequeño bote de yodo y una taza de té. La Srta. Turner tiene una bolsa para sus papeles y la Dra. Strong un bolso como de instrumento musical o algo semejante, y un libro grande.

Las sillas están colocadas a la derecha; la plataforma con una mesa y tres sillas a la izquierda de frente. Hay puertas a la izquierda, a la derecha y en el centro.

Entra la Srta. Turner y la Sra. Reedway.

SRA. REEDWAY.– ¡Cielo santo! Tenía miedo de llegar tarde.

SRTA. TURNER.– (*Mira su reloj*) Oh, no. La reunión no empieza hasta las 3, y son solamente y cuarto.

SRA. REEDWAY.– (*Se ajusta el pañuelo sobre la cabeza*) ¡Ojalá entrara en calor! ¡Me encanta el buen tiempo!

SRTA. TURNER.– ¡Y a mí!

SRA. REEDWAY.– Qué lugar tan bonito tiene la Sra. Carroll. Creo que somos muy afortunadas de tenerla como presidenta.

SRTA. TURNER.– ¡Pienso lo mismo! Y es tan dulce.

SRA. REEDWAY.– Me he enterado de que le ha pedido al Sr. Billings que venga a esta charla sobre la leche.

SRTA. TURNER.– Sí, no le sorprende, ¿no?

SRA. REEDWAY.– Oh, no. Todo el mundo habla de ellos dos. Él lleva ya un tiempo detrás de ella. Creo que está interesado en su dinero.

SRTA. TURNER.– Pienso lo mismo. Pero ella está loca por él.

SRA. REEDWAY.– Quizá ella piensa que él no es una persona interesada, y que es rico. Pero me he enterado de que él perdería mucho dinero si se aprueba esta ley de la leche.

SRTA. TURNER.– ¡He escuchado lo mismo!

43

(Entra la Dra. Strong.)

DRA. STRONG.– Siento llegar tarde, me entretuve con un paciente.

SRA. REEDWAY.– Oh, no llega tarde Dra. Strong. Las damas generalmente se toman su tiempo.

DRA. STRONG.– Ya veo. ¿A qué hora suelen empezar estas reuniones?

SRTA. TURNER.– Generalmente a las 3 y media.

DRA. STRONG.– La próxima vez vendré a esa hora. Podría haber visto a dos pacientes más, odio que las mujeres sean tan impuntuales.

SRTA. TURNER.– ¡Y yo! Ella es la Sra. Reedway, nuestra secretaria, la doctora Strong. *(Se dan la mano)*.

SRA. REEDWAY.– Dra. Strong, debe recordar que nuestras socias, en general, no son profesionales.

DRA. STRONG.– ¡Es una pena!

(Entra la Sra. Wolverhampton)

SRA. WOLVERHAMPTON.– Bien, bien. ¿Todavía no ha empezado? Srta. Turner, usted siempre está a mano. *(Se abanica)* Cielo santo, ¡qué calor! No soporto el calor.

SRTA. TURNER.– Ni yo.

SRA. REEDWAY.– Sra. Wolverhampton ¿conoce a nuestra nueva asociada? La Dra. Strong de Colorado. *(La Sra. Wolverhampton se inclina un poco. La Dra. Strong se acerca y le da la mano)*.

SRA. WOLVERHAMPTON.– ¡Cielos! ¡De Colorado! Supongo que usted ya ha votado.

DRA. STRONG.– Pues sí. Parece que usted cree que se me nota en la cara.

SRA. WOLVERHAMPTON.– ¿Por? Sí; discúlpeme, pero sí se le nota.

DRA. STRONG.– ¿Disculparla? En absoluto, es un halago. Estamos muy orgullosas de ser votantes en nuestro país.

(La Sra. Reedway y la Sra. Wolverhampton se apartan para hablar en tono de voz bajo. La Srta. Turner arregla los papeles, tiene una bolsa grande y está constantemente sacando y metiendo.

Entra la Sra. Carroll.)

SRA. CARROLL.– Queridas, disculpen. No tenía ni idea de que era tan tarde. *(Las saluda a todas).*

SRTA. TURNER.– ¡Querida Sra. Carroll! Le he traído estas flores.

SRA. CARROLL.– ¡Qué encanto es usted Srta. Turner! Son preciosas *(Se acerca a la Dra. Strong con las manos abiertas)* Mi querida Dra. Strong. Me alegra y me enorgullece mucho tenerla hoy aquí. *(Se gira a las otras mujeres)* Usted sabrá, Sra. Wolberhampton, que la Dra. Strong salvó la vida de mi madre. Si hubiera llegado antes estoy segura de que también habría salvado la de mi bebé. Y va a ser de gran ayuda en nuestro club, ¿verdad doctora?

DRA. STRONG.– No estoy muy segura de eso, Sra. Carroll. Me temo que este no es el tipo de Club al que estoy acostumbrada.

SRA. CARROLL.– Es el tipo de Club que la necesita a usted, doctora. (*Toma del brazo a la Dra. Y se sientan juntas*). Queridas, ustedes como en su casa, las otras asociadas vendrán pronto. (*La Srta. Turner, Sra. Reedway y Sra. Wolverhamptom salen*). Doctora, lo tenemos todo listo. La botella de leche de la empresa Billings Co. Analizada y el propio Sr. Billings va a estar aquí.

DRA. STRONG.– Eso va a ser raro.

SRA. CARROLL.– Oh, no. La leche está bien, yo la he tomado durante años. Y creo que él es un hombre agradable.

DRA. STRONG.– (*Seca*) Eso he escuchado.

SRA. CARROLL.– Usted no debe creerse todo lo que escuche Doctora.

DRA. STRONG.– No lo hago. Pero espero que no sea verdad.

SRA. CARROLL.– ¿Qué espera que no sea verdad?

DRA. STRONG.– Lo que se dice de usted y del Sr. Billings.

SRA. CARROLL.– Da igual lo que digan de mí del Sr. Billings. Lo importante es que usted ha conseguido que venga el Inspector.

DRA. STRONG.– Sí, él llegará a tiempo, cosa que no creo que haga el Club.

SRA. CARROLL.– Oh, unos minutos sin importancia. Usted dijo que se llama Sr. Arnold, ¿conoce sus iniciales?

DRA. STRONG.– Se llama Henry. Henry T. Arnold. Es honesto y eficiente.

SRA. CARROLL.– (*Medita*) Solía ir al colegio con un niño que se llamaba Harry Arnold, era el más guapo de la clase, creo que yo le gustaba.

DRA. STRONG.– Y yo creo que a usted también le gustaba él, ¿verdad?

SRA. CARROLL.– Oh, bueno, eso fue hace años.

DRA. STRONG.– (*De repente*) Por cierto, Sra. Carroll. ¿Tiene tinta roja?

SRA. CARROLL.– ¿Tinta roja?

DRA. STRONG.– Sí, tinta roja. ¿Puede darme?

SRA. CARROLL.– ¿Para qué? Estoy segura de que tengo por aquí, no sé. Déjeme ver, algo había, si queda algo... (*Sale y vuelve con la tinta roja*).

DRA. STRONG.– Gracias. (*Saca un billete amarillento y le hace una marca deliberadamente*).

SRA. CARROLL.– ¡Qué interesante! ¿Por qué hace eso doctora?

DRA. STRONG.– Es una costumbre. Algún día si me lo encuentro de nuevo lo reconoceré.

SRA. CARROLL.– ¿Hace marcas en todo su dinero?

DRA. STRONG.– No, solamente en alguno. ¿Me haría un favor?

SRA. CARROLL.– Por supuesto, dígame.

DRA. STRONG.– No le haga ningún comentario de este billete si me ve que lo cambio.

SRA. CARROLL.– Oh, qué misteriosa. No diré una palabra

DRA. STRONG.– (*Aparta el billete*) Usted dijo que podía traer a una de mis pacientes como prueba, y eso he hecho. Tengo a la pequeña Sra. O'Shane aquí para contarles cómo afecta a la gente pobre.

SRA. CARROLL.– Muy interesante, estoy segura ¿Dónde está?

DRA. STRONG.– Esperando afuera, no pude arrastrarla aquí dentro.

SRA. CARROLL.– Yo la traeré.

(*Sale la Sra. Carroll, y vuelve con una pequeña mujer vestida de negro, que se sienta en la silla más lejana y permanece en silencio*)

SRA. CARROLL.– Me alegro de que haya venido Sra. O'Shane. Muchísimas gracias.

(*Entra Louise*)

LOUISE.– Señora, el Sr. Arnold.

SRA. CARROLL.– Louise hágale pasar.

(*Sale Louise, entra el Sr. Arnold*)

DRA. STRONG.– Sra. Carroll, Sr. Arnold.

SRA. CARROLL.– Creo que usted es Harry Arnold. Pero no se acuerda de mí.

SR. ARNOLD.– ¡Cómo no me voy a acordar de la pequeña May Terry! ¡La chica más guapa del colegio! Nunca la he olvidado. Pero no esperaba encontrarla aquí.

SRA. CARROLL.– Me alegra tenerle en mi casa, Sr. Arnold, y en nuestro Club. Y ¿cómo le van las cosas?

SR. ARNOLD.– Nada de lo que hacer alarde, si se refiere a dólares y céntimos. Me gusta el trabajo público, como puede ver, y los sueldos no son altos.

SRA. CARROLL.– Pero algunos funcionarios se hacen ricos ¿no?

SR. ARNOLD.– Sí, algunos, pero no con sus sueldos.

DRA. STRONG.– Sra. Carroll, si usted supiera más de política, le parecería bien que el Sr. Arnold no tuviera mucho dinero. Y mejor incluso teniendo en cuenta que es inspector.

SRA. CARROLL.– ¡No querrá decir que nuestros servidores públicos están sobornados!

DRA. STRONG.– Bien se sabe que hay casos.

SRA. CARROLL.– Oh, no puedo creer que estas cosas sucedan de verdad, ¡aquí! ¿Alguien le ha sobornado Sr. Arnold?

SR. ARNOLD.– Alguno lo ha intentado.

SRA. CARROLL.– Seguro que no en esta ciudad.

SR. ARNOLD.– Todavía no.

DRA. STRONG.– Acaban de nombrarle, Sra. Carroll.

SR. ARNOLD.– Gracias a la Dra. Strong.

DRA. STRONG.– Bueno, supongo que sí ayudé.

(Entra Louise)

LOUISE.– El Sr. Billings.

SRA. CARROLL.– Hágale entrar (*Sale Louise, y entra el Sr. Billings*) Buenas tardes, Sr. Billings. Déjeme presentarle a mi querida amiga la Dra. Strong, nuestra nueva incorporación. Y al Sr. Arnold probablemente ya le conocerá, el inspector de la leche. (*El Sr. Billings hace una inclinación a la Dra. Strong y le da la mano de manera amigable al Sr. Arnold*).

SR. BILLINGS.– Bien, Sr. Arnold, creo que vamos a impresionar a estas damas. Confío en que me dejará en un buen lugar.

SR. ARNOLD.– Haré lo que pueda Sr. Billings. No esperaba tener al director de la empresa Milk Trust[1] entre mi público.

SRA. CARROLL.– Es culpa mía Sr. Arnold. Yo llevo tomando leche de la empresa del Sr. Billings desde hace años y es siempre buena. Y quiero que las damas presentes lo sepan. El Sr. Billings puede pasar la prueba.

SR. ARNOLD.– Me alegra escucharlo, Sra. Carroll.

SR. BILLINGS.– (*Contento*) Imagino que nos presentará como pícaros lecheros, no me cabe la menor duda.

SR. ARNOLD.– Pues espero que no. (*El Sr. Billings se va con la Sra. Carroll a hablar en un aparte. La Dra. Strong confía en el Sr. Arnold*).

DRA. STRONG.– (*Al Sr. Arnold*) Ahora Sr. Arnold míreme y asegúrese de jugar bien. ¡Usted tiene que decir que no puede darme cambio de este billete! (*Se acerca al Sr. Billings*) Sr. Billings, ¿Usted puede, quiere, darme cambio de este billete? El Sr. Arnold no puede.

---

[1] Podría traducirse como Fundación de la Leche.

SR. ARNOLD.– Lo siento doctora, pero no he visto un billete de cien dólares desde hace tiempo.

SRA. CARROLL.– Quizá yo pueda…

SR. BILLINGS.– Oh por supuesto, encantado. No se preocupe Sra. Carroll. Dra. Strong, voy a ver si llevo ese dinero encima. (*Saca billetes y monedas de los bolsillos hasta que llega a la cantidad*).

DRA. STRONG.– Gracias Sr. Billings. (*Le da el billete marcado. Se ve al fondo que las mujeres socias del club se están acercando. Se acerca al Sr. Arnold*) ¿Qué cifras ha traído Sr. Arnold? No quiero pisar su intervención. (*Hablan aparte*).

SR. BILLINGS.– (*A la Sra. Carroll*) Sra. Carroll, parece que ahora se interesa usted en asuntos de índole pública, ¿no?

SRA. CARROLL.– Oh, pero la leche es un tema doméstico en realidad, ¿no cree? Muchas de estas damas están interesadas en este tema.

SR. BILLINGS.– Sospecho que están interesadas porque usted está interesada. Creo que no se da cuenta de la influencia que tiene en esta ciudad.

SRA. CARROLL.– Creo que me sobreestima.

SR. BILLINGS.– Para nada. Mire la manera en la que hace vibrar a este club. Son las luces de la sociedad y las otras mujeres les siguen. Y también ahora manda sobre los hombres. Le digo yo que una influencia como la suya ha golpeado al sufragio femenino hasta dejarlo inmóvil.

SRA. CARROLL.– Oh, el sufragio. (*Con gran burla*).

(*Entra la Sra. Wolverhampton*)

51

SRA. WOLVERHAMPTON.– Disculpe Sra. Carroll pero ya son las tres y media.

SRA. CARROLL.– Cielos, sí, debo llamar al orden. *(Las señoras entran y se sientan. Hay cierta confusión educada. La Sra. Carroll preside. La Sra. O'Shane y el Sr. Billings en el lado de la derecha, detrás de otras personas, pero cerca de la tarima).*

SRA. CARROLL.– *(Se levanta)* Señoras, y caballeros, yo, como ustedes saben, no sabría dar un discurso y mucho menos estoy capacitada para ser la presidenta del club, pero aquí me tienen. *(Murmuro de aprobación, aplauso tímido).* Es un placer darles la bienvenida a mi casa y estoy segura de que todas y todos disfrutaremos de nuestra reunión hoy. *(Más aplauso tímido).* No sé si es correcta la manera de proceder, pero lo primero que quiero hacer es presentarles a nuestra nueva socia, la Dra. Strong de Colorado. *(La Sra. Carroll se sienta y la Dra. Strong se levanta y se inclina)* O acérquese a la tarima doctora, donde todo el mundo pueda verla.

DRA. STRONG.– *(Se acerca a la tarima)* Señora presidenta, damas, caballeros. No esperaba hablarles hasta después de leer las actas por lo menos. Pero estoy muy contenta de estar aquí y me siento muy honrada al haber sido aceptada en el club que, por lo que sé, es el más importante club de mujeres de esta comunidad. He escuchado que es un club muy conservador, pero sé que están interesadas en uno de los movimientos más importantes de nuestros tiempos, una cuestión de política práctica, la leche pura. *(Las damas se molestan ante la palabra "política").* Es una pregunta importante, la más importante, la que afecta al corazón de la madre y al sentido del cuidado de cualquier mujer. Es una cuestión de ahorrar dinero y salvar vidas, las vidas de nuestros hijos pequeños. No conozco de ningún otro tema que haga que todas las mujeres quieran votar. El voto es nuestra mejor protección. *(Mucha confusión, "noes" y charla entre las mujeres. Una sisea. La Sra. Wolverhampton se levanta poderosa).*

SRA. WOLVERHAMPTON.– ¡Señora presidenta! ¡Quiero que se aclare un punto! Se debe informar a nuestra nueva socia que se prohíbe toda discusión sobre el tema del sufragio femenino, son las normas de este club. No hay tema tan calculado para desbaratar una organización.

SRA. BLACK.– Sra. presidenta.

SRA. CARROLL.– Sra. Black.

SRA. BLACK.– Quiero secundar la moción. Hace tiempo decidimos que no permitiríamos ninguna discusión sobre el sufragio femenino. ¡Lo considero uno de los movimientos más peligrosos de nuestro tiempo!

SRA. WHITE.– ¡Sra. presidenta!

SRA. CARROLL.– Sra. White. ¿Por qué no se acerca?

SRA. WHITE.– Oh, no, discúlpeme. Hablaré desde aquí. Simplemente quiero mostrar que estoy de acuerdo con las compañeras. El sufragio femenino destruye el hogar.

SRA. GREY.– ¡Señora Presidenta!

SRA. GREEN.– ¡Señora Presidenta!

SRA. CARROLL.– La Sra. Grey tiene la palabra. Un momento Sra. Green.

SRA. GREY.– Quiero decir que me voy a sentir obligada a dimitir si el sufragio femenino se menciona otra vez en el club.

SRA. GREEN.– ¡Señora Presidenta!

SRA. BROWN.– ¡Señora Presidenta!

MÁS VOCES.– ¡Señora Presidenta! (*Hay un rumor de descontento generalizado*)

SRA. CARROLL.– ¡Señoras! ¡Respeten el turno de palabra, por favor! (*Muchas damas se han puesto de pie. Todas están hablando entre ellas*).

SRA. GREEN.– El lugar de una mujer es el hogar, Sra. presidenta. Si cuida de la casa y de sus hijos…

SRA. BROWN.– Las mujeres no están capacitadas para la política, no tienen cabeza para ello, y mi marido también lo dice.

SRA. JONES.– Este club decidió hace mucho tiempo que estaba en contra del sufragio femenino. ¿Quién cuidaría entonces a los bebés? Nuestro poder es a través de la influencia femenina. Sí, la influencia femenina. (*Gran confusión*).

SRA. CARROLL.– (*Golpeteando débilmente la mesa*) Señoras, señoras, sería buena idea que descansáramos y tomáramos un refrigerio. ¿Les apetece un té? (*Todas salen y van hablando. La Sra. Carroll y el Sr. Billings van los últimos. La Dra. Strong y el Sr. Arnold se quedan*).

SR. ARNOLD.– (*A la Dra. Strong*) Bien, acaba de meter la pata.

DRA. STRONG.– (*Con remordimiento*) Sí, muy desafortunado todo, ¿verdad? No podría imaginarme que saltarían de esa manera.

SR. ARNOLD.– No importa. Solamente hablaré de la leche, de la leche pura.

DRA. STRONG.– (*Pasea de un lado a otro, con las manos detrás, muy preocupada*). Siento mucho haber enfadado a esas señoras. Este es un momento muy importante. Incluso si no votan pueden hacer algo.

SR. ARNOLD.– No se preocupe doctora. Conseguiremos que se interesen.

DRA. STRONG.– Usted no sabe lo importante que es esto. La tasa de mortalidad de los bebés es algo vergonzoso, y principalmente debido a la leche de mala calidad, y eso se lo debemos a este hombre Billings. Si esta ley se aprueba él tendrá todo el poder en sus manos. ¡Y él es un corrupto!

SR. ARNOLD.– Ya había llegado a esa conclusión.

DRA. STRONG.– Ya ha visto que ella confía en él, y que ella controla esta ciudad, socialmente. Y, lo que es más, él pretende casarse con ella, no es un buen hombre que deba casarse con ninguna mujer decente. Tenemos que ponerle un palo en la rueda Sr. Arnold.

SR. ARNOLD.– Cuente conmigo.

DRA. STRONG.– Nunca tendrá una oportunidad como esta. Intentará convencerle antes de que pueda hablar, lo veo venir. Y usted debe sacar a colación ese billete de cien dólares y cogerlo.

SR. ARNOLD.– ¡Por supuesto que no! ¡Quién se ha pensado que soy yo!

DRA. STRONG.– Creo que usted es suficientemente inteligente para ver la jugada. Lo primero que le digo es que es un billete marcado. Usted lo coge y los mira, si hay un puntito rojo en la mitad superior, en los dos lados, lo coge y lo usa como prueba después de que haya puesto en evidencia la leche.

SR. ARNOLD.– Pero la leche que él ha traído aquí está bien.

DRA. STRONG.– ¡Por supuesto! Pero yo he traído otra botella en mi bolsa, y voy a cambiarlas. Es su leche de todas maneras, de la que se encuentra en las tiendas, no tendrá problemas con la prueba del yodo. Chis, ¡No olvide coger ese billete!

(Vuelve la Sra. Carroll y trae té a la Sra. O'Shane)

SRA. CARROLL.– *(A la Sra. O'Shane)* Estamos en deuda con usted por haber venido Sra. O'Shane, espero que se sienta cómoda.

SRA. O'SHANE.– Gracias señora, muchas gracias de verdad.

SRA. CARROLL.– *(Se dirige a la Dra. Strong)* Ahora Dra. Strong no debe usted enfadarse porque nuestras socias no sean sufragistas.

DRA. STRONG.– En absoluto, siento haberlo mencionado. Estoy aquí para hablar de la leche, no del sufragio.

SRA. CARROLL.– Qué amable por su parte. Ahora venga y tome el té, doctora.

(Sale la Dra. Strong)

SRA. CARROLL.– Imagino que usted nos va a impresionar, Sr. Arnold. Ya lo hacía cuando era un jovencito, ¿lo recuerda?

SR. ARNOLD.– ¿En serio? No me acuerdo.

SRA. CARROLL.– Sí, por supuesto. Usted solía peinarse, cuando se peinaba, de una manera extremadamente elegante.

SR. ARNOLD.– Y usted siempre iba peinada, con unos bellos y largos rizos. Siempre quise poder tocarlos.

SRA. CARROLL.– Mi cabello se ha vuelto más oscuro desde entonces, y ya empiezo a tener canas.

SR. ARNOLD.– (*Se acerca*) ¡Gris! ¡Eso es una difamación! ¡Ni una sola cana!

SRA. CARROLL.– Había, dos… o tres, pero, entre usted y yo, me las quité.

SR. ARNOLD.– No era necesario. Usted estará más guapa con el cabello gris.

SRA. CARROLL.– No me hacía estos cumplidos cuando teníamos trece años.

SR. ARNOLD.– No, no me atrevía.

SRA. CARROLL.– Pero bien que se atreve ahora.

SR. ARNOLD.– La valentía de los desesperados, imagino. Aquí está usted, todavía joven, más atractiva que entonces, la mujer más rica de la ciudad, líder de la sociedad, capaz de animar e influenciar a todas esas mujeres y aquí estoy yo, mucho más viejo y nada más que un inspector de leche.

SRA. CARROLL.– Usted no ha tenido mucha ambición personal, ¿no?

SR. ARNOLD.– Cierto. Podría haberla tenido si me hubieran animado.

SRA. CARROLL.– Sr. Arnold, me encanta haberle vuelto encontrar. Y pensar que usted, quizá, tiene en cuenta mis opiniones.

SR. ARNOLD.– Puede estar segura. Eso mismo es lo que me disgustó cuando me enteré de que se casaba con Carroll, y cuando me enteré que se había convertido en una simple dama de sociedad. Usted tiene una mente valiosa, siempre la ha tenido, pero no la usa.

SRA. CARROLL.– ¿De verdad cree que tengo una mente valiosa?

SR. ARNOLD.– Por supuesto, de primera clase.

SRA. CARROLL.– Entonces déjeme persuadirle de que hable de la ley de la leche, Sr. Arnold. Espero que con su charla mencione la excelente calidad de la leche, de la empresa de Billings, claro.

SR. ARNOLD.– Bien, contaré lo que sé, Sra. Carroll; ustedes querrán saber los hechos.

SRA. CARROLL.– Por supuesto que queremos los hechos. Pero, habiendo evaluado la leche de Billings y estando Billings aquí, que es un buen amigo mío, estoy deseando que su reputación quede clara de una vez.

SR. ARNOLD.– Ya veo. Y si digo algo contra el Sr. Billings ¿entonces usted y yo seremos unos extraños?

SRA. CARROLL.– Por supuesto que no, Sr. Arnold. Estamos hablando de la leche, no del Sr. Billings.

SR. ARNOLD.– Discúlpeme… lo entiendo. (*Vuelve a entrar el Sr. Billings. Sale el Sr. Arnold*)

SR. BILLINGS.– (*Se acerca a la Sra. Carroll*) Comenzaba a pensar que no tendría la oportunidad de verla en absoluto.

SRA. CARROLL.– ¿Por qué lo dice? Yo creo que he llamado la atención desde mi silla.

SR. BILLINGS.– Yo prefería verla a solas.

SRA. CARROLL.– Nadie me ve cuando estoy sola.

SR. BILLINGS.– Puede bromear todo lo que quiera, Sra. Carroll. Este es un tema muy serio para mí. Debe saber que usted me importa mucho, y el tiempo que llevo entregado a usted. Sabe que soy un hombre ambicioso, Sra. Carroll. Debo mantener la esperanza. Hay cosas de las que todavía no puedo hablar, grandes cambios en política, si cuentan conmigo, y con su belleza y modales fascinantes. ¡Cielos! No hay lugar en el mundo al que no llegaría. (*Camina arriba y abajo excitado*). Nunca he querido algo tanto en mi vida, como la quiero a usted. ¿Cuándo me dará una respuesta?

SRA. CARROLL.– Ciertamente ahora no es el momento, Sr. Billings.

SR. BILLINGS.– ¿Cuándo termine la reunión?

SRA. CARROLL.– Quizá, cuando termine la reunión.

(*Entra la Srta. Turner con su bolso y con papeles*)

SRA. CARROLL.– (*Se levanta y se acerca a ella. El Sr. Billings se da la vuelta*). Bien, Srta. Turner, ¿volvemos al trabajo entonces?

SRTA. TURNER.– Espero no haber interrumpido…

SRA. CARROLL.– ¿Interrumpido? Esta es una reunión del club, Srta. Turner. ¿Estamos listas?

SRTA. TURNER.– Quizá, podría pedirle a la asistenta que traiga la muestra.

SRA. CARROLL.– Oh, sí *(llama y entra la asistenta)*

SRA. CARROLL.– Traiga la botella de leche, Louise. *(Sale la asistenta y entran la Dra. Strong y el Sr. Arnold).*

SR. BILLINGS.– *(Jocoso)* Ya veo que voy a ser el chivo expiatorio por todos los pecados de la comunidad.

SRA. CARROLL.– Usted va a limpiar el buen nombre de nuestro suministrador de leche, Sr. Billings.

(Entra la asistenta con la botella de leche y la pone en la mesa)

SRA. CARROLL.– ¡Aquí está! La mejor leche de la ciudad. *(Todo el mundo se acerca a la mesa).*

SR. BILLINGS.– *(La levanta)* Es la mía, correcto. Con el nombre bien puesto en la botella, sellada con parafina, al vacío desde la vaca al cliente, Sr. Arnold.

SR. ARNOLD.– *(Examina la botella)* Parece buena leche, Sr. Billings.

SR. BILLINGS.– Es buena leche, Sr. Arnold. No hay ninguna otra mejor en el mercado. No tenemos miedo a su examen.

SR. ARNOLD.– ¿Mantienen la calidad de manera uniforme?

SR. BILLINGS.– Por supuesto. Tenemos alguna con menos grasa y que cuesta un céntimo o dos menos, pero es leche pura.

DRA. STRONG.– (*Al Sr. Arnold en un aparte*). Lléveselos a que echen un vistazo a sus papeles, llámeles.

SR. ARNOLD.– ¿Han visto nuestras tarjetas oficiales, Sra. Carroll? (*Saca papeles. Ellos se giran hacia él. La doctora saca la botella de leche de su bolsa y la cambia por la de la mesa. Billings la escucha y se gira. Se acerca y levanta la botella. Los demás también se giran*).

DRA. STRONG.– ¿Qué pasa?

SR. BILLINGS.– ¿Eh? ¿por? Nada…

DRA. STRONG.– ¿El nombre de la botella bien? ¿El sello de parafina bien? (*Todos se acercan a mirar*)

SR. BILLINGS.– Sí, todo bien. (*Se agita molesto*).

SRA. CARROLL.–¿Qué pasa? ¿Algo con la leche?

SR. BILLINGS.– No, claro que no.

SRA. CARROLL.– ¿Bien, Srta. Turner, creo que debemos llamar a nuestro público. (*Salen*).

DRA. STRONG.– ¿Puedo ser de ayuda en algo? (*Mira al Sr. Arnold que está en la mesa*).

(*El Sr. Billings con una repentina determinación se acerca a la botella para cogerla. El Sr. Arnold le frena*)

SR. BILLINGS.– Disculpe, Sr. Arnold, pero aquí hay un error. Esta no es la leche que mandé a la Sra. Carroll. Ha debido un error y es una botella de calidad de segunda. Odiaría que ella se diera cuenta. Voy al coche a por otra y la cambio. No tardo ni un minuto.

SR. ARNOLD.– (*Con la botella en la mano*) No creo que sea buena idea, Sr. Billings. Va a parecer raro. Además, no hay tiempo.

SR. BILLINGS.– (*Agitado*). Supongo que tiene razón. Verá usted, este es un asunto muy importante para mí. Más importante de lo que pueda imaginar…Esta botella no es mi mejor leche, pero, pero le estaría muy agradecido si pasa la prueba.

SR. ARNOLD.– (*Seco*). Espero que la pase.

SR. BILLINGS.– Mire, Arnold, ¡maldita sea! ¡Estarán aquí en un minuto! Rápido. (*Le hace entrega de un billete*).

SR. ARNOLD.– (*Lo coge, lo mira por los dos lados*) No tengo por costumbre aceptar sobornos, Sr. Billings.

SR. BILLINGS.– Chis… ya lo veo, usted es muy rígido con este tema. Por dios santo, hombre, ayúdeme en esta tonta reunión de gallinas cacareando y tendrá su recompensa. Venga, quédese el dinero por esta vez, ya me entiende.

SR. ARNOLD.– Bueno, por esta vez. (*Se guarda el billete en el bolsillo*).

(Las damas entran de nuevo y toman asiento. La Sra. Carroll llama al orden desde la misma silla que antes, se escuchan murmullos y charlas)

SRA. CARROLL.– (*Golpeteando la mesa*) Seguimos con la reunión, creo que como es tan tarde, y teniendo en cuenta que el tema es muy importante, creo que debemos posponer el orden del día hasta la próxima reunión. Estoy segura de que a todas nos gustaría abrir la discusión con unas palabras del Sr. Billings. El Sr. Billings es el director del negocio de la leche aquí y sabe más que nadie en esta ciudad. Esta es la leche que vamos a evaluar esta tarde y por lo que se siente muy orgulloso que así sea, ¿verdad Sr. Billings? (*Le sonríe*)

SR. BILLINGS.– (*Bastante constreñido*) Sí, sí.

SRA. CARROLL.– Le cedo la palabra, Sr. Billings. ¿Le importa adelantarse?

SR. BILLINGS.– (*Se levanta en su sitio*) Señora presidenta, damas, y también Sr. Inspector: para mi es un honor estar aquí hoy y conocer a tantas damas importantes de nuestra comunidad. Ver tantas caras bonitas y escuchar tantas voces dulces, y dar la mano a tantas de ustedes a las que considero entre mis amistades. Deseo felicitar a este club por su nueva presidenta (*se inclina a la Sra. Carroll*) una dama cuya presencia lleva las buenas obras a donde ella va. *(Aplausos)*. En estos días, cuando tantas mujeres de conducta desviada y para nada femeninas se reúnen por motivos innecesarios y totalmente equivocados, es un placer encontrar aquí tantas mujeres verdaderas con esa finura innata que siempre evita la notoriedad. (*Saca un pañuelo grande y se seca la cara*). El tema del que he venido a hablarles apela al corazón de cada mujer: la leche para los bebés. La comida favorita de nuestros hijos, el soporte de los enfermos, los fundamentos de una buena cocina.

Señoras ha sido un orgullo haber servido a esta comunidad con leche pura y saludable durante tantos años.

Nuestra nueva organización, de la que ahora se habla mucho en la prensa, no es para nada el demonio que algunos les están haciendo creer. Y sé de lo que hablo. Este no es el lugar para las estadísticas financieras, pero les aseguro que a través de una combinación de proveedores de leche que hemos puesto en marcha recientemente ustedes tendrán acceso a una leche más barata y a un servicio más regular y de mayor confianza. Respecto a la calidad, deben confiar en los expertos (*Señala a la Dra. Strong y al Sr. Arnold*); pero deben contar con nosotros para servir mejor a sus intereses, y por tener la capacidad de servirles desarrollada a lo largo de muchos años de experiencia. (*Se inclina y se sienta. Murmullos de aprobación. Aplausos*).

SRA. A.– ¿Verdad que es interesante?

SRA. B.– Justo lo que estaba pensando.

SRA. CARROLL.– Estoy segura de que estamos todas muy agradecidas al Sr. Billings por el tiempo que nos ha dedicado. Es muy interesante, en este estudio a escala general, conseguir información directamente de las fuentes. Y ahora vamos a aprender de la parte médica de la mano de una autoridad en la materia. Señoras, tengo el placer de presentarles a mi amiga la Doctora Strong que nos va a hablar de, ¿cómo lo llama usted doctora?

DRA. STRONG.– (*Se adelanta*) ¡Llamémoslo por su nombre! El peligro de la leche impura. (*Se levanta un momento, y mira al público con interés*) Amamos a nuestros bebés. Y queremos para nuestros bebés lo mejor, naturalmente. Queremos alimentarlos bien, y algunas de nosotras no pueden hacerlo. Junto con la madre, la mayor proveedora de leche para nuestros hijos es la vaca. La leche es el alimento de más valor para nuestros pequeños.

Supongo que todas ustedes saben que los bebés alimentados con biberón mueren más que los alimentados con el pecho, y con mucha diferencia. Generalmente mueren en verano, de enfermedades tifoideas y diarreas. (*Lee sus notas*) 17.437 bebés menores de un año murieron en Nueva York en 1907;

1.315 murieron en Boston entre el 1 de junio y el 30 de noviembre de ese mismo año, seis meses. En Fall River, en esos meses, murieron más de 300 de un total de mil bebés, casi un tercio. En Nueva York, casi 23.000 niños de todas las edades murieron de sarampión, escarlatina y difteria combinados, y a la vez 26.000 bebés menores de un año debido a enfermedades diarreicas. De estos casos, en Nueva York, solamente el 3% estaban siendo alimentados con el pecho.

Ahora, señoras, esta clase de enfermedades tienen su origen en las bacterias, y estas llegan, en la mayoría de los casos, a través de la leche. Como pueden ver, los bebés que toman biberón no reciben la leche directamente de la vaca, a diferencia de los que se alimentan con el pecho que sí reciben la leche directamente de la madre. Entre la vaca y el bebé tenemos al lechero. El lechero no es la madre. ¡Sinceramente creo que si las madres estuvieran a la cabeza del negocio de la leche no envenenarían a los bebés de otras madres para ganar más dinero!

Al productor y al distribuidor de la leche poco le importan los intereses de los consumidores. Para proteger al consumidor la ley ahora ha creado la figura del Inspector de Leche. Pero el inspector de leche tiene a un lado a unos cuantos hombres de negocios, a menudo dispuestos a pagar para proteger sus intereses y al otro lado la ciudadanía apática que no se molesta en protegerse.

La discusión de hoy está en la esperanza de que este club vea la importancia crucial que tiene la leche pura para nuestros hijos, y de que pueda animar a sus miembros a que usen su influencia para asegurar la calidad de la leche.

Con el permiso de su presidenta he traído conmigo a una residente de la parte menos afortunada de la ciudad, y ella les va a contar su experiencia. Sra. O'Shane, ¿podría subir a la tarima por favor? (*La señora bajita vestida de negro se levanta, duda, se sienta de nuevo*)

SRA. CARROLL.– ¿Me dejan pasar señoras? (*Se baja y acompaña a la Sra. O'Shane a la tarima. La Sra. O'Shane está muy agitada*)

DRA. STRONG.– Agárrese Sra. O`Shane. Es por la memoria de Patsy. Se ha ido, pero hay muchos más.

SRA. O'SHANE.– Sí que hay, sí, dios mío. No es demasiado tarde para otros. La calle está llena de ellos. Señoras ¿alguna ha perdido a un hijo?

SRA. CARROLL.– (*Se acerca a ella y le toma la mano*). Yo, Sra. O'Shane. (*Se sienta de nuevo*).

SRA. O'SHANE.– Hay muchos. No tengo ninguna duda. Pero tienen el consuelo de saber que hicieron lo que pudieron por ellos. Y los nuestros se mueren cada verano, muchos mueren, y no podemos evitarlo. Solían decirnos que era la mano de dios, o que era el calor, y ahora nos dicen que es la leche. El calor es malo, porque hace que las cosas que hay en la leche sean más grandes y crezcan más rápido, los pequeños bichos que matan a nuestros niños. Si hubieran visto a mi pequeño Patsy. Era es más guapo y el más fuerte. Ya andaba casi sin cumplir el año todavía. Era todo lo que yo tenía. Y por supuesto le daba la mejor leche que podía; pero la leche que nos llega a esa parte de la ciudad viene de la empresa Milk Trust, dieciséis céntimos el cuarto por una marca de moda, es algo que no puedo pagar. Y solamente piensen en eso, aunque pudiera tampoco hay suficiente de esa leche para todo el mundo. Y hay muchas personas en todo el mundo. No tenemos elección, no tenemos dinero para pagar esos gastos extras, y debemos dar a nuestros bebés la leche que nos venden, y entonces se nos mueren.

Ya sé que deberían importarme los cientos y miles de niños como los mellizos de la Sra. O'Casey que murieron el verano pasado, los tres de la Sra. Flaharty, e incluso los pequeñines negros de la calle Bay, pero lo que más me importa es mi pequeño Patsy. Señoras, ¡si le hubieran visto! ¡Con el pelo suave!, con sus ricitos, y los fuerte y grande que estaba. Ya se levantaba solito, y estaba aprendiendo a subirse a sillas como estas, y cómo se agarraba de mi falda y me miraba con una sonrisa y tiraba de mi diciendo, ma - má ¿qué le iba a dar yo sino esa leche? Y la leche le mató… Les ruego que me perdonen, pero me rompe el corazón. (*Ella llora. La Sra. Carroll la consuela, llorando también. Todas emocionadas sacan sus pañuelos. La Sra. Carroll se levanta, aguantando la emoción*).

SRA. CARROLL.– Señoras, ahora escucharemos a nuestro nuevo inspector, el Sr. Arnold. (*El Sr. Arnold se adelanta y se inclina*).

SR. ARNOLD.– Temo que los hechos fríos vayan a contribuir en poco después de este testimonio tan horrible. La Sra. O'Shane ha ofrecido los principales puntos de este tema. La mayoría de la gente es pobre. Y la leche con menos calidad va para la gente más pobre. La comunidad tiene que protegerse. El inspector no tiene poder excepto para señalar los defectos del producto. Está claro que hay llevar a cabo acciones para reforzar la ley, y a menos que la gente no se involucre no va a haber ninguna acción. (*Lee un papel*). La Dra. Strong les ha dado algunos datos sobre la mortalidad en los bebés. Hay también números altos en la mortandad de adultos por culpa de leche contaminada, como en el caso de las fiebres tifoideas en

Stamford, en el año 1895, cuando se contabilizaron 160 casos en nueve días, de los cuales 147 habían consumido leche del mismo repartidor. En seis semanas se contabilizaron 386 casos de los que 352 consumieron la misma leche, y en cuatro de ellos no hubo ni siquiera intermediario. Su vaquería fue cerrada, y en dos semanas el brote había desaparecido casi por completo.

La fiebre tifoidea, la escarlatina y la difteria, así como otras enfermedades menos comunes se extienden gracias a leche infectada.

El servicio de inspección vigila tanto el productor como el distribuidor, examina la granja y la salud del ganado, el estado de los alrededores, el cuidado que les dan, los métodos para la extracción de la leche, el embotellado etc... y controlan al lechero en cada paso de manipulación, transporte y reparto.

Para evaluar la leche hay que tener en cuenta tres cuestiones: su cualidad comparativa como leche buena (porcentaje de grasa, etc...); su limpieza (la leche sucia suele llevar siempre enfermedades); y su nivel de adulteración, desde el antiguo método para añadirle agua y almidón hasta el método comercial más disimulado y peligroso de hoy en día.

Me han pedido que les muestre un par de maneras, que podrían realizar en casa. No requieren un análisis químico ni bacteriológico, ni un microscopio ni un lactómetro, simplemente un trapo delgado (lo saca) y un poco de yodo *(lo saca)*.

(Las señoras se adelantan con interés, el Sr. Billings se muestra indiferente).

SR. ARNOLD.– Señoras, entiendan por favor que ninguna de estas pruebas demuestra nada extremadamente dañino. Me siento muy raro al analizar una botella de la empresa Billings delante del Sr. Billings. Por favor, recuerden que esta empresa tiene muchos repartos todos los días. Si esta botella no es de primera categoría no es algo reprochable a su invitado.

SR. BILLINGS.– Señoras, no voy a tener que esgrimir ninguna excusa, la empresa es de total confianza.

SRA. CARROLL.– Confiamos plenamente en esta leche, Sr. Billings, y por eso es por lo que vamos a hacer esta prueba.

SR. ARNOLD.– ¿Podrían darme otra jarra o un cántaro o botella de leche?

(La Sra. Carroll le da al timbre. Entra Louise).

SRA. CARROLL.– Trae otra jarra, Louise y una botella de leche vacía y limpia.

(Sale Louise y vuelve con lo que le han pedido, mientras el Sr. Arnold sigue hablando)

SR. ARNOLD.– Con esta prueba solamente se pueden comprobar dos cosas: si la leche está limpia y si tiene almidón. Si está limpia de acuerdo con nuestros niveles habrá una ligera mancha en el trapo cuando se estire. *(Pone el trapo en la boca de la jarra, lo mete para dentro y luego lo ata con una goma; después de manera solemne vierte casi toda la leche. Alboroto entre las señoras).*

SR. ARNOLD.– Mientras se estira, aplicaré la prueba del yodo a lo que queda de leche. Si hay almidón entonces se volverá azul. *(Vierte agua del vaso dentro de la botella, añade unas gotas de yodo, sacude la botella, y la levanta delante de todo el mundo. Es de color azul).*

SRA. WHITE, SRA. BLACK, SRA. GREY.– *(Todas juntas).* ¡Oh! ¡Mirad eso! Da que pensar.

(El Dr. Billings muy confundido, pero incapaz de escapar)

SR. ARNOLD.– Me temo que uno de los suministradores de leche ha adelgazado su leche y la ha blanqueado. El almidón no es peligroso. La suciedad sí lo es. Ahora examinaremos nuestro colador. *(Levanta el trapo. Hay una mancha grande y muy oscura. Se hace el silencio, tensión).*

SRA. O'SHANE.– ¡Oh! Eso es lo que mató a mi Patsy. *(Señala al Sr. Billings).* Y fue él el que lo hizo. *(Conmoción).*

SR. BILLINGS.– *(Se levanta).* Señoras, ¡exijo que me escuchen! Ustedes me conocen desde hace años. La mayoría toma mi leche. Ustedes saben que es buena. Ha habido algún error; esta no es la leche que debería haberse enviado aquí.

SRA. CARROLL.– Es evidente que no.

SRA. O'SHANE.– ¡No! Esta no es la leche para los ricos, esta es la leche para los pobres.

SR. BILLINGS.– Señoras, protesto. Mi posición en esta comunidad, mis años de servicio, deben otorgarme su confianza lo suficiente como para investigar este tema. Debo descubrir de cual de mis distribuidores viene esta leche. Haremos una investigación en profundidad, se lo aseguro. No tenía ni idea de que nos iban a traer semejante leche.

SR. ARNOLD.– Entonces ¿por qué me dio usted este billete? *(Enseña el billete marcado).* El Sr. Billings me dio este billete hace unos momentos para asegurarse que la evaluación iba a ser favorable. Es la primera vez que acepto un soborno, solamente para mostrarlo como prueba.

DRA. STRONG.– (*Se adelanta*). Señoras, quiero aclarar cualquier sospecha sobre el Sr. Arnold. Yo sabía que la empresa Milk Trust no pasaría la evaluación, así que pedí al Sr. Arnold que aceptara el dinero, si se lo ofrecían, y sacarlo como prueba. Y aquí está.

SR. BILLINGS.– ¡Yo ya sospechaba algo! Esto es admitir que había una conspiración entre nuestra nueva doctora y nuestro nuevo inspector. Pero, señoras, confío en que necesitarán más que la palabra de dos extraños para condenar a un viejo amigo y conciudadano.

DRA. STRONG.– Sr. Billings, yo le di ese billete; es el que me cambió hace un rato. Admito que eso sí es una conspiración.

SR. BILLINGS.– Así que usted y su cómplice lo han tramado todo para clavarme un cuchillo. Y es su palabra y la de este…hombre cuya confesión prueba que es un canalla al que se puede comprar, contra mi palabra. ¿Cree usted que tengo únicamente un billete de cien dólares encima?

DRA. STRONG.– Dudo que tenga más de uno con una marca roja en la mitad superior, en los dos lados. (*La Sra. Carroll de repente coge el billete y lo examina. Se levanta*).

SRA. CARROLL.– Esta es una sorpresa muy dolorosa descubrir que la calidad de la leche que he estado tomando. Pero todavía me duele más ver que la calidad era evidentemente mala. Señoras, yo vi a la Dra. Strong hacer esa marca. Y la vi darle el billete para que se lo cambiara por otros más pequeños.

SRA. O'SHANE.– Cierto, y yo le vi dárselo al inspector.

SRA. CARROLL.– Señoras, si son tan amables de moverse un poco, creo que el Sr. Billings estaría encantado de irse. (*Ellas le hacen un pasillo y él se va, en la puerta se gira y sacude un puño al Sr. Arnold*).

SR. BILLINGS.– ¡Jovencito, perderá su trabajo! ¡En esta ciudad tengo poder!

SRA. CARROLL.– Y yo también Sr. Billings. Me ocuparé de que el Sr. Arnold mantenga su puesto. Le necesitamos. Usted dijo que este club podía liderar la ciudad; que las mujeres que estamos aquí podemos hacer lo que queramos, con nuestra influencia. ¡Ahora veremos lo que conseguimos con nuestra "influencia"! Ricas o pobres, estamos desamparadas a menos que despertemos ante el peligro y nos protejamos. Para esto es para lo que sirve el voto, señoras, para proteger a nuestras familias. ¡Para proteger a nuestros niños! ¡Estoy deseando ir a votar ahora mismo! ¡Me encantaría votar! ¡Ya tengo algo por lo que votar! Amigas, hermanas, todas las que estén a favor del sufragio femenino y de la leche pura que digan sí.

(*Las mujeres del club se levantan y agitan sus pañuelos, al tiempo que gritan ¡SÍ! ¡SÍ!*).

TELÓN

Una clase para aprender a votar o una elección en Primerville

Comedia en un acto

de

KATE MILLS FARGO

(1912)

Traducción de Verónica Pacheco Costa

PERSONAJES

SRA. FRANCES ADELAIDE CLARK, votante

SRA. RACHEL EMELINE SOMERS, una mujer de negocios

SRA. MARY ELIZABETH BROWN, una señora elegante

SRTA. GERTRUDE MAY PRATT, futura votante

SRA. WILKINS, política

SRA. SARAH EDGERTON PHELPS, extranjera por matrimonio

SRTA. PAULINE PETERS, soltera británica, sin estudios

JUNTA ELECTORAL: dos jueces, dos inspectores, dos administrativos, dos secretarios electorales

AGENTE DE POLICÍA

Tiempo: seis de la mañana

Lugar: Primerville, una granja pequeña sin terminar

Vestuario: de calle, el agente de policía lleva una placa

Duración: 20 minutos

Nota: Las leyes que se mencionan en esta obra son las del Estado de California. Cuando se represente en otros estados, algunas leyes pueden ser las mismas, por ejemplo, las de naturalización o ciudadanía. Cuando se represente en asociaciones de mujeres, los personajes de la Junta electoral pueden ser representados por mujeres.

Escena: Una *habitación preparada para las votaciones. Índice del Registro del Precinto en la pared. Cabina de votación con papel, bolígrafos, instrucciones para llevar a cabo la votación, registro del oficial y censo. Reloj en la pared que marca las seis menos un minuto. Miran ansiosamente al reloj y hablan con nervios.*

DOCENTE.– Este ensayo de cómo votar tiene el único objetivo de mostrar los errores que pueden llegar a cometerse por parte de esos ignorantes de las leyes que controlan las urnas. Por favor, tengan en mente que este ejercicio es algo puramente instructivo, y no es para entretenerse. *(Lee al público la lista de personajes. Cada vez que se dirija al público toda la acción en el escenario se pará)*

PRIMER SECRETARIO.– *(En voz alta).* Las urnas están abiertas. *(Para darle un efecto más dramático, esta declamación se repite tres veces)*

(El inspector obra la urna y muestra que está vacía, la cierra).

SRA. CLARK.– *(Mira al registro sobre la pared, encuentra su número y avanza hacia la mesa. Al secretario le dice su nombre, dirección y número)* Señora H. M. Clark. 334 Calle Novena, número 5, Primerville.

(El secretario abre el libro del censo, la Sra. Clark escribe su nombre y su dirección).

PRIMER SECRETARIO.– *(Se gira al secretario que registra y repite los datos).* Señora H. M. Clark. 334 Calle NOVENA, número 5, Primerville.

(El segundo secretario busca en el registro para verificar el nombre y el número. Se gira al juez que está sentado al lado y le enseña el registro).

JUEZ.– *(Se dirige a la Sra. Clark).* Aquí no hay ninguna H.M. Clark en el registro. El nombre de France Adelaida Clark es el que aparece en el número.

SRA. CLARK.– Bien, es el mismo. Ese es mi nombre.

JUEZ.– Pero usted en las votaciones debe dar el nombre que dio al registrarse y debe ser el nombre completo de cuando nació.

SRA. CLARK.– Oh, cielos, no pensé que eso fuera a ser un problema.

(Le dan otra oportunidad a la Sra. Clark, escribe su nombre de nuevo y es comprobado por el secretario en el registro)

DOCENTE.– La Sra. Clark cometió un error al comienzo de su voto. El nombre que se da en el momento de votar tiene que ser el mismo que dio cuando se registró y debe ser el nombre completo de su partida de nacimiento. Es importante saberlo.

(La Sra. Clark entra en la zona vigilada y vallada con una amiga)

OFICIAL DE POLICÍA.– *(Para a la amiga y se dirige a la Sra. Clark).* Debe entrar sola, señora, no puede llevar a una amiga.

SRA. CLARK.– Oh, no me atrevo a hacerlo sola.

OFICIAL DE POLICÍA.– Pues tendrá que hacerlo.

(La Sra. Clark cruza la valla. El secretario de las papeletas le da una en blanco y un número y ella los coge y se dirige a una

cabina. El secretario en el registro apunta el número al lado del nombre de la Sra. Clark).

SEGUNDO SECRETARIO.– *(Mientras la Sra. Clark entra en la cabina).* Use el sello de caucho para marcar su papeleta.

DOCENTE.– La Sra. Clark ha cometido otro error como han podido ver, al intentar que una amiga la acompañara. Ellas son amigas de toda la vida y siempre van a comprar juntas y a todas partes sin separarse. Es muy natural que quieran votar juntas. Esto no lo pueden olvidar. La persona que vota debe entrar sola en la cabina.

(La Sra. Clark prepara su papeleta marcando una X al lado de la respuesta que ella desea dar. Dobla el papel con el número por la línea de puntos, lo separa y sale. Se acerca al inspector con su voto doblado en la mano y le dice su nombre, Frances Adelaida Clark).

INSPECTOR.– *(Repite el nombre en voz alta).* Frances Adelaida Clark. *(Y también dice en voz alta el número del papel).*

(El segundo secretario en el registro verifica el número del voto y el nombre, y escribe al lado "votado". Lo repite en voz alta: "Frances Adalaida Clark ha votado").

(El Inspector rompe el papel perforado, mete el voto en la urna y destruye en número. La Sra. Clark sale).

(La Sra. Somers, mujer de negocios con un lápiz a modo de coleta, es la siguiente en votar).

SRA. SOMERS.– *(Busca su número en el registro, da su nombre y dirección)* Rachel Emeline Somers, 710 Avenida Breeze, número 15, Primerville.

(El secretario repite su nombre, dirección y número al oficial del registro. Encuentran su nombre en el registro. Ella pasa el control. El secretario de la urna le da una papeleta en blanco. El secretario del registro escribe su nombre en el papel. La Sra. Somers se apresura hacia la cabina).

SEGUNDO SECRETARIO.– *(Se dirige a la Sra. Somers)* Ponga el sello al marcar su opción.

(La Sra. Somers entra en la cabina. En lugar de usar el sello ella coge el lápiz que lleva en el pelo y marca su voto. Dobla el voto, sale de la cabina con el lápiz en la mano. Le entrega el voto al Inspector).

JUEZ.– *(La para)* Señora, ¿Marcó el voto con el lápiz que lleva en la mano?

SRA. SOMERS.– *(Brusca, con tono serio)* Sí, claro ¿por?

JUEZ.– ¿No sabe que no debe hacerlo así?

SRA. SOMERS.– *(Sorprendida)* ¿Por qué? ¿Con qué debo marcarlo?

JUEZ.– Hay un sello y un tapón de tinta en la cabina para este propósito precisamente.

SRA. SOMERS.– Vaya y ¿cómo iba yo a saberlo?

JUEZ.– Se le ha dicho cuando ha entrado.

SRA. SOMERS.– No me enteré de nada.

JUEZ.– Si hubiera asistido a alguna de las clases que se organizaron para enseñaron a las mujeres a votar, se habría enterado.

SRA. SOMERS.– *(Indignada)* No tenía tiempo para semejante tontería. Yo soy una mujer que trabaja.

JUEZ.– Bien, sabe leer, ¿verdad?

SRA. SOMERS.– Por supuesto.

JUEZ.– Los periódicos han publicado muchas instrucciones para las votantes antes de esta elección y con solo ojearlas le habrían quedado claras.

(El secreatrio de los votos le entrega a la Sra. Somers otro voto en blanco. Ella vuelve a la cabina y lo sella haciendo mucho ruido. Por si el sello no hubiese hecho suficiente ruido debe colocarse algo en la cabina con lo que ella pueda hacer más ruido. Lo hace varias veces rápidamente)

(La Sra. Somers sale de la cabina y le entrega el voto al Inspector).

INSPECTOR.– *(Frunce el ceño)* Señora, su voto está mal doblado. Se hace así. *(Le enseña cómo hacerlo).*

(El Inspector repite su nombre, Rachel Emeline Somers, al secretario del registro así como el número en el su voto).

OFICINISTA.– *(Escribe "voto emitido" al lado de su nombre y lo dice en voz alta)* Rachel Emeline Somers ha votado.

(El Inspector rompe el papel perforado y destruye el número).

SRA. SOMERS.– Bien, creo que usted es desagradablemente exigente. *(Sale, sacudiendo los hombros)*

DOCENTE.– Tienen que recordar que debe usarse el sello, puede parecer un detalle sin importancia, pero cualquier irregularidad en el proceso de marcar la opción provocará que el voto sea inválido. Precisamente si prestamos atención a estos pequeños detalles antes de ir a votar es lo que hará que el proceso de votación de la mujer sea un servicio sencillo y placentero.

(Al doblar el voto, el número de este, separado el voto en sí mismo por la línea perforada, debería aparecer en la parte exterior)

SRTA. PRATT.– *(Echa un vistazo al número en el Registro, se acerca al secretario, da su nombre)* Gertrude May Pratt, 415, Avenida Sweet Briar, número 16. *(El oficinista le da el listado de votantes y ella escribe su nombre).*

SECRETARIO.– *(Se dirige al secretario del registro)* Gertrude May Pratt, 415, Avenida Sweet Briar, número 16.

JUEZ.– *(Le sonríe educadamente)* ¿Qué edad tiene Srta. Pratt?

SRTA. PRATT.– *(Se pone colorada)* Dieciocho.

JUEZ.– ¿No sabe usted que tiene que tener veintiún años antes de poder votar?

SRTA. PRATT.– ¿Por qué? No. Yo pensaba que solamente tenía que ser mayor de edad.

JUEZ.– ¿Qué edad dio usted cuando se registró para poder votar?

SRTA. PRATT.– ¿Por? Yo le dije que acaba de llegar a la edad y supongo que él apuntó dieciocho.

JUEZ.– Lo siento Srta. Pratt pero no puede votar.

SRTA. PRATT.– *(A punto de ponerse a llorar)* Todo es culpa de ese horrible hombre, yo solamente quería votar. *(Sale)*

DOCENTE.– En el Estado de California y en otros, una joven es mayor de edad cuando llega a los dieciocho años pero no puede votar hasta que alcanza los veintiuno.

(Entra la Sra. Brown. Va vestida a la última moda y lleva un perro atado a una correa. Avanza sonriendo y un tanto cantarina le dice su nombre al oficinista. Mary Elizabeth Brown, Calle Snob Hill, número 23, Primerville. Ella escribe afanosa su nombre en el listado).

SECRETARIO.– *(Se dirige al secretario del registro)* Mary Elizabeth Brown, Calle Snob Hill, número 23 en Primerville.

JUEZ.– No encuentro su nombre en el registro. Pongo en cuestión su voto. Sra. Brown ¿ha venido directamente desde su casa?

SRA. BROWN.– Oh, no, llevo en la calle toda la mañana.

JUEZ.– ¿Ha estado en otros colegios electorales?

SRA. BROWN.– Desde luego, en varios.

JUEZ.– Sra. Brown ¿Ha votado antes de venir aquí?

SRA. BROWN.– ¿Por?… sí.

JUEZ.– ¿No sabe usted que va en contra de la ley votar varias veces?

SRA. BROWN.– ¿Por qué? Yo pensaba que podíamos votar todo lo que quisiéramos. Creía que eso era lo que querían las sufragistas cuando hablaban de esto. ¡Votar es muy divertido! *(Sale, riendo afectada).*

DOCENTE.– Hay muchas mujeres para las que el privilegio y la responsabilidad de votar no es algo que se tomen en serio. Y la Sra. Brown es una de ellas.

(La Sra. Wilkins está a un lado hablando con otra señora de manera muy elocuente).

OFICIAL DE POLICÍA.– *(Se levanta y apoya la mano en el hombro de la Sra. Wilkins)* Señora, estoy obligado a arrestarla.

SRA. WILKINS.– *(Aterrorizada)* ¿Por qué? ¿Qué he hecho?

OFICIAL DE POLICÍA.– He escuchado cómo usted estaba intentando influenciar el voto de esta señora. Tendrá que acompañarme. *(Conduce a la Sra. Wilkins hacia afuera).*

DOCENTE.– La Sra. Wilkins ha cometido una gran ofensa. La ley estatal dice claramente: "ninguna persona pedirá el voto o hablará con un votante sobre qué opción marcar en su papeleta en un perímetro de treinta metros desde el colegio electoral". Y añade: "Ninguna persona podrá preguntar a otra en el colegio electoral acerca de a quién piensa votar". La multa del Estado a cualquier violación de estas leyes en relación con las elecciones es de mil dólares o cárcel durante cinco años en una prisión del Estado o ambos castigos. Como la Sra. Wilkins claramente no conocía estas circunstancias podrá librarse del castigo con facilidad.

(La Sra. Phelps encuentra su número en el Registro y procede a dar su nombre Sarah Edgerton Phelps, 307 Calle Broad, número 19, Primerville. El secretario le entrega el listado, ella apunta su nombre y dirección. El secretario le pasa su nombre al secretario del registro. Y el segundo secretario encuentra su nombre en el listado).

JUEZ.– Espere un momento por favor. ¿Nació en los Estados Unidos?

SRA. PHELPS.– Sí.

JUEZ.– ¿Está casada?

SRA. PHELPS.– (*Suspira*) Sí.

JUEZ.– ¿Su marido nació en los Estados Unidos?

SRA. PHELPS.– No, en Alemania.

JUEZ.– ¿Su marido está nacionalizado aquí?

SRA. PHELPS.– (*Lánguidamente*) Pues la verdad es que no lo sé.

JUEZ.– Pues tiene que averiguarlo antes de poder votar.

SRA. PHELPS.– ¿Por qué? ¿Qué diferencia hay?

JUEZ.– Cuando se casó, usted asumió la nacionalidad de su marido y a menos que él se haya nacionalizado aquí, ninguno de ustedes es ciudadano americano. ¿No le preguntaron estas cosas cuando se registró?

SRA. PHELPS.– Les dije que había nacido aquí. No me preguntaron nada acerca de mi marido y yo tampoco lo mencioné. No me gusta hablar de él.

JUEZ.– Bien, ellos deberían haber indagado más.

SRA. PHELPS.– Suponiendo que mi marido esté nacionalizado aquí y que además no quiera estarlo, ¿cómo puedo votar?

JUEZ.– Usted puede pedir su nacionalidad y convertirse en ciudadana norteamericana y entonces podrá votar.

SRA. PHELPS.– (*Con poca energía*) Yo nací y crecí aquí, en los Estados Unidos, y ahora tengo que nacer de nuevo para poder votar, no lo entiendo.

JUEZ.– Ni yo. (*La Sra. Phelps sale*).

DOCENTE.– Esto parece un poco difícil de entender. En el Estado de California el poder legislativo ha cambiado la ley por la cual cualquier mujer casada con un extranjero ya no podía votar. Con la nueva ley, cualquier hija nativa de California es una ciudadana independientemente de su se ha casado con un extranjero o no, su matrimonio no afecta a su derecho a votar. También se ha aprobado una nueva norma en California por la que a las mujeres no se les pide la edad para votar.

(La Srta. Peters busca su número en la lista, se acerca al oficinista, le da el nombre y dirección, Pauline Peters, calle Angélica 112, número 2, Primerville.

El secretario le presenta el listado; ella firma al lado de su nombre. El secretario le pasa el nombre, dirección y número al secretario del registro. El segundo secretario busca en el registro y se gira hacia el juez).

JUEZ.– Pauline Peters, ¿casada?

SRTA. PETERS.– *(Muy seria)*. ¿Yo? ¿Casada? ¡No!

JUEZ.– ¿Dónde nació?

SRTA. PETERS.– En Inglaterra.

JUEZ.– ¿Cuánto tiempo lleva en este país?

SRTA. PETERS.– No responderé a esa pregunta. Llegué cuando era un bebé.

JUEZ.– *(Sonriendo)* ¿Cuándo se registró usted no dijo qué edad tiene?

SRTA. PETERS.– No me lo preguntaron, fue todo un caballero.

JUEZ.– ¿No le preguntó si usted tenía la nacionalidad?

SRTA. PETERS.– ¿Nacionalidad? ¿Qué es eso? Era la hora de cenar, y el hombre de la oficina tenía hambre y se quería ir a su casa y no me preguntó nada.

JUEZ.– ¿Tiene usted algún documento que demuestre que es ciudadana de este país?

SRTA. PETERS.– Tengo la escritura de una casa que es mía.

JUEZ.– Eso no me sirve. Si usted quiere votar o se casa con un ciudadano de los Estados Unidos (*La Srta. Peters va a hablar*) o pide la nacionalidad.

SRTA. PETERS.– (*Con ansiedad*) ¿Cuál de las dos opciones es peor?

PRIMER SECRETARIO.– (*En voz alta*) Las urnas están cerradas.

TELÓN

DOCENTE.– Para recapitular, hay cinco puntos esenciales en la votación que tenemos que tener en mente. Primero: buscar el número en el Registro; segundo: escribir el mismo nombre al votar que el que dimos al registrarnos; tercero: entrar en la cabina sin compañía para marcar la opción; cuarto: usar el sello y el secante que hay en la cabina; quinto: doblar la papeleta de manera correcta. Es esencial que aprendamos estos detalles y podamos contárselos a aquellas personas que no han venido a las clases. La idea de votar quizá es una carga para la mayoría de las mujeres hasta que aprenden a hacerls, y luego se convierte en un placer. Otra idea para que las mujeres tengan en cuenta y la difundan es que los colegios electorales son lugares tan legítimos para las mujeres como las iglesias. Son tan sagrados como las iglesias. Vamos a las iglesias para aprender a comportarnos de manera correcta. Vamos a los colegios electorales para poner en práctica estos principios.

Día de elecciones. Una obra sufragista

Comedia en un acto

de

EMILY SARGENT LEWIS

(1912)

Traducción y notas de
Verónica Pacheco Costa

PERSONAJES

SR. RICHARD GARDNER, un entusiasta del golf

SRA. GARDNER, su esposa, antisufragista

DOROTHY, de 21 años, su hija

DICK, de 10 años, su hijo

SRA. CARTER, hermana de la Sra. Gardner, sufragista

SR. THOMAS RANDOLPH, pretendiente de Dorothy

KATY CASEYM, mujer que sale a trabajar

AUGUSTUS WHITE, un trabajador de color que se hace cargo de la caldera de casa de los Gardner

MARY, trabajadora doméstica

Tiempo: presente.

Lugar: una ciudad americana

Escena: la obra se sitúa el día de elecciones en la sala de desayuno del hogar de los Gardner, a las 8 de la mañana. Mary, la sirvienta, da los últimos toques a la mesa del desayuno.

Entra la Sra. Gardner, lleva un curioso vestido matutino.

SRA. GARDNER.– Buenos días Mary. ¿Todavía no ha bajado nadie? Le echaré un vistazo a la prensa hasta que alguien más baje. *(Mary le da el periódico y sigue preparando la mesa).*

SRA. GARDNER.– *(Se sienta en el sofá y abre el periódico, lee).* Los titulares sensacionalistas de siempre, "Amenaza de epidemia tifoidea". ¡Qué horror! Menos mal que no es en nuestra parte de la ciudad. *(Se gira a Mary)* Mary, asegúrate de poner solamente agua embotellada, para la familia, quiero decir.

MARY.– Sí, señora.

SRA. GARDNER.– *(Sigue leyendo).* "Otra huelga". Nunca leo nada acerca de estos problemas laborales estúpidos. "Petición para mejorar las escuelas públicas", no me interesa; afortunadamente siempre hemos podido enviar a los niños a colegios privados. "Las sufragistas esperan una victoria en las urnas hoy", bien, creo que acabarán decepcionadas. Después de los maravillosos discursos de nuestras líderes anti sufragistas de la semana pasada, el "Peligro amarillo"[1], como denominó el movimiento nuestra querida presidenta, quedará sepultado.

---

[1] Como contrapartida a la narrativa de la superioridad europea, el miedo a Japón y China ocupó un lugar destacado en la historia de Europa desde la década de 1890, cuando el término fue adoptado de Norteamérica. En general, el término "peligro amarillo" se ha usado para referirse a cualquier amenaza política y social.

Entra Dick, corre hacia su madre y le da un beso.

DICK.– Buenos días mami.

SRA. GARDNER.– (*Le da un beso*) Buenos días, cariño. Qué contento estás hoy.

DICK.– (*Mira por encima del hombro de su madre y lee en el periódico en voz alta*) "Votos para las mujeres". Oh, una de las profesoras llevaba un pin con eso escrito y le pregunté por qué no pedía también el voto para los monos.

SRA. GARDNER.– (*Se ríe y le levanta hacia la mesa, le sigue Dick*) Una pregunta excelente, Dick, ¿qué contestó ella? (*Cambia el tono de voz de repente*) ¿No me apartas la silla para que me siente? ¿No sabes que un caballero siempre muestra su respeto hacia una mujer? (*Dick acomoda a su madre, luego se sienta él. Mary les pasa la fruta, etc*).

DICK.– Mami, dime la verdad ¿no deseas que hoy pudieras votar?

SRA. GARDNER.– No, por supuesto que no. Estoy encantada de que mi marido lleve todo el peso de la política.

Entra Dorothy con el Sr. Gardner, que viste ropa de jugar al golf. Dorothy besa a su madre, Dick acomoda a su padre.

SRA. GARDNER.– (*Se dirige al Sr. Gardner con cariño*) Cielo, estaba diciendo que estoy muy contenta al dejar todo el peso de los temas políticos para ti.

SR. GARDNER.– ¡Muy amable por tu parte, amor! ¿Puedo pasar directamente al café? Tengo el tiempo justo para coger el tren para el club de campo. (*La Sra. Gardner le pone el café, Mary se lo pasa*).

DOROTHY.– (*A su padre*) Qué suerte que haga tan buen tiempo en el día de las elecciones, ¿verdad papá? Dicen que puede ayudar mucho.

SR. GARDNER.– Sí, naturalmente. Parece que hay colas para votar.

DOROTHY.– Estaba pensando en las elecciones. Ya sabes que tendrás que llevar también mi peso de la política hoy, ya que tengo 21 años.

DICK.– Cuando yo tenga 21 años yo llevaré mi propio peso. No tendrás que preocuparte por mi papi. Las chicas no saben votar. ¡Pobres!

SRA. GARDNER.– (*Se dirige a Dick*) No seas malo con tu hermana. (*Al Sr. Gardner*) Imagino que no irás a votar hasta esta tarde, ¿no?

SR. GARDNER.– (*Avergonzado*) Me temo que no conseguiré llegar a tiempo para votar. El Comité de Golf se va a quedar en el club a cenar. Hay temas importantes que tenemos que decidir, y no volveré a la ciudad hasta por la noche.

SRA. GARDNER.– O, lo siento, querido. Quería que votaras en contra de la Enmienda por el sufragio femenino.

DOROTHY.– (*Tímidamente*) Creo que yo quería votar a favor, papá.

SRA. GARDNER.– (*A Dorothy*) Dorothy, me sorprendes.

SR. GARDNER.– (*Se levanta*) Bien, ojalá vosotras pudierais ocuparos de vuestros asuntos en la política. Me voy a jugar al golf. Me niego a que se me imponga la carga del voto en contra de mi voluntad. Adiós, no me esperéis levantadas. (*Da un beso a su esposa. Coge la bolsa con los palos de golf, se va*).

DOROTHY.– (*Burlona hacia su madre*) Y ahora ¿quién nos va a representar en las elecciones hoy? ¿Mamá? Papá está jugando al golf, Jim está fuera, y Dick no tiene la edad.

SRA. GARDNER.– Tom Randolph podría representarte, si así quisieras. En lo que respecta a mí, tendré que usar alguna influencia indirecta de alguna manera. (*A Mary*) ¿Se ha ido ya Augustus?

MARY.– No señora. Está barriendo las escaleras.

SRA. GARDNER.– Dígale que venga cuanto antes. (*Mary sale*)

La Sra. Gardner deja la mesa y se sienta en el sofá. Entra Augustus.

AUGUSTUS.– (*Inclinándose para saludar*) Buenos días señora, buenos días señorito Dick. Por favor disculpen mi apariencia, señora, estaba limpiando los escalones.

SRA. GARDNER.– Augustus ¿has votado ya?

AUGUSTUS.– No señora. Todavía no. Tan pronto como le deje el carbón a la Sra. Jones en la puerta de al lado, y le conecte la manguera al Dr. Parks, entonces iré a votar, sí señora.

SRA. GARDNER.– ¿Entiende usted algo de esta enmienda de sufragio?

AUGUSTUS.– Sí señora, claro. Todas las señoras hablan de ello en la comisión de sufragio. Yo votaré a favor, por supuesto, señora.

SRA. GARDNER.– ¿Por qué?

AUGUSTUS.– Bueno, no es por razones personales. Mi esposa vive en Virginia y esa enmienda no le beneficia, no, señora. Pero como puede ver soy mayor. Recuerdo cómo me sentí cuando el Presidente Lincoln nos dijo a la gente de color como yo que podíamos votar como los demás. Me hizo sentir que era tratado como los demás. Respetable y todo eso. Estoy seguro de que a ustedes, las mujeres, les gustaría sentirse así, que las traten como los demás.

SRA. GARDNER.– (*Se levanta*) Augustus, estás diciendo tonterías. ¿Cómo te atreves a imaginar que algo así pudiera hacerme más respetable de lo que ya soy? Quiero que votes en contra de la enmienda. Es un peligro para el país. Si no haces lo que te digo entonces no vengas más a esta casa a trabajar.

AUGUSTUS.– (*Alarmado*) Perdone señora, no sabía que ustedes las mujeres pudieran ser peligrosas, de verdad. Solamente pensé que les gustaría sentirse como los demás. Como usted diga, señora, como usted diga. (*Se gira*)

SRA. GARDNER.– (*Se dirige orgullosa a Dorothy*) Acabas de ver el poder de la influencia indirecta.

DICK.– (*Saltando desde el asiento*) ¡Bravo! Cuando sea mayor tendré una fábrica con miles de hombres y si ellos no votan lo que yo les diga les echaré. ¡Bravo!

SRA. GARDNER.– (*A Dick*) Vete a la escuela ya o llegarás tarde. (*Dick coge sus libros con la ayuda de Dorothy y se va*)

DOROTHY.– Mamá, creo que voy a salir, tengo que llevar algunos libros al hospital.

SRA. GARDNER.– Querida, no puedes ir a esa parte de la ciudad en el día de las elecciones. Cuando yo era joven las mujeres no podían salir de casa en un día como hoy. Siempre había muchos hombres borrachos por la calle.

DOROTHY.– Mamá, prometí llevar los libros hoy.

SRA. GARDNER.– Oh, bien. Mary los puede llevar esta noche cuando termine aquí. (A *Mary, que está limpiando la mesa*). Mary, podrás darte un bonito paseo.

DOROTHY.– Pero mamá, Mary es más joven que yo y seguramente las calles son más peligrosas de noche.

SRA. GARDNER.– (*Con frialdad*) Si Mary se comporta adecuadamente no hay peligro. Además, ¿para qué está la policía) (*Mary sale*)

La Sra. Gardner coge la costura de la cesta y se sienta en el sofá. Dorothy se sienta en el pupitre y saca un paquete de revistas.

SRA. GARDNER.– Querida, me gustaría que escucharas mi discurso anti sufragista de ayer. Estoy orgullosa de lo que expliqué. Como cuando dije: "¿Por qué abrir la alcantarilla de la política americana en casa?"

DOROTHY.– Mamá, ¿eso qué significa? ¿Es un argumento?

SRA. GARDNER.– No, hija. No tenemos argumentos, pero sabemos que tenemos razón. Las mujeres tienen un maravilloso sentido de la intuición, de lo que está bien y de lo que está mal.

DOROTHY.– ¿Y esa intuición no sería buena en política?

SRA. GARDNER.– ¿Quién ha escuchado hablar de intuición en una alcantarilla? Por cierto, hablando de política, vamos a invitar a cenar al senador Grant. Es importante que consigamos su recomendación para que Dick entre en la academia militar de West Point. (*Sentimental*). Quiero que uno de mis hijos sirva a este amado país.

DOROTHY.– ¿Solamente se puede servir luchando?

SRA. GARDNER.– Qué tonterías preguntas Dorothy. Seguro que esa costumbre se te ha pegado en la universidad.

DOROTHY.– Siento ser cargante, mamá. Cuéntame más de tu reunión.

SRA. GARDNER.– Bien, dos de los conferenciantes eran hombres, muy distinguidos en sus profesiones. Uno de ellos dijo que las mujeres de oriente son las que tienen una influencia de verdad, porque son realmente femeninas.

DOROTHY.– Mamá ¿Por qué? Yo pensaba que las metían en sacos y las lanzaban al Bósforo y ese tipo de cosas.

SRA. GARDNER.– Oh, a muy pocas, creo, solamente a las sufragistas. Entonces el otro caballero nos contó cosas maravillosas. Dijo que ninguna mujer nace sufragista.

DOROTHY.– ¿Cómo lo sabe? Las recién nacidas no pueden hablar.

SRA. GARDNER.– Oh, es muy listo con los temas estadísticos y esas cosas sobre los recién nacidos es un tema estadístico, por supuesto. También dijo que, si

95

las mujeres consiguieran votar, el estado caería en la barbarie.

DOROTHY.– Seguramente estaba bromeando.

SRA. GARDNER.– En absoluto. Estaba de lo más serio, y nos hizo sentir mucha tristeza. Ojalá tu tía Madeleine le hubiera escuchado. ¡Ella siempre está tan jovial!

DOROTHY.– Me temo que la tía Madeleine es la excepción, ella seguro que nació sufragista.

Entra Mary, anuncia a la Sra. Carter. Entra la Sra. Carter. La Sra. Gardner y Dorothy se levantan, se abrazan, se sientan de nuevo.

SRA. GARDNER.– ¿Cómo estás querida hermana? Pensaba que estarías muy ocupada para pasarte esta mañana.

SRA. CARTER.– Mi turno como apoderada en las urnas empieza más tarde. Todo está yendo genial, creo que me puedo tomar un descanso.

SRA. GARDNER.– Las sufragistas tenéis mucha energía. Ahora yo me siento exhausta del mi discurso de ayer.

SRA. CARTER.– (*Dulce*) No me extraña querida, después de lo que he escuchado.

SRA. GARDNER.– (*Melodramática*) Pero ¿cómo puede una emplear toda su fuerza mejor si no es en la defensa de las tradiciones sagradas del hogar?

SRA. CARTER.– El voto de las mujeres será una tradición sagrada en los hogares de futuras generaciones.

SRA. GARDNER.– Madeleine, admito que tú y yo podemos usar el voto bien, pero (*impresionada*) ¿Cómo te gustaría cocinar tu voto?

SRA. CARTER.– Él lo hace.

SRA. GARDNER.– (*Confusa*) Qué estúpida soy, por un momento olvidé que tienes cocinero. Bien, pues pensemos entonces qué significaría darle el voto a una mujer ignorante como Katie Conner, por ejemplo, la lavandera.

Entra Mary.

MARY.– Por favor, Sra. Gardner, Katie quiere hablar con usted un momento.

SRA. GARDNER.– Sí, claro, hágala pasar.

Sale Mary, entra Katie.

KATIE.– Buenos días señora. Buenos días, señorita Dorothy. Oh, buenos días, señora Carter. Señora ¿en la lavada de la semana pasada estuvo todo bien? Los camisones de la señorita Polly son demasiado bonitos para dejarlos fuera. Siempre se lo digo a mis chicas (*se gira a la Sra. Gardner*). Me gustaría comentarle acerca del calentador. Hasta que el hombre lo arregle no puedo hacer nada.

SRA. GARDNER.– Lo siento Katie, pero no creo que nadie pueda venir hoy a echarle un vistazo hoy, por el tema de las elecciones, ya sabes.

KATIE.– Me lo imagino señora. Los hombres se comportan como si votar les ocupara todo el día. Cualquier cosa para tomarse el día libre. Bueno, tendré paciencia con el calentador y quizá con el calor del horno me baste.

SRA. GARDNER.– Un momento, Katie. Cuando entraste la señora Carter y yo estábamos hablando del sufragio de las mujeres, imagino que sabes a qué me refiero.

KATIE.– Sí, señora. A menudo escucho a mis hijas hablar de esto con las amigas.

SRA. GARDNER.– Por supuesto, no tienes ningún interés en el voto. Imagino que no tienes estudios.

KATIE.– Muy poco, señora. Mis hijas seguro que sabían más que yo con diez años. Cuando era pequeña era muy complicado que los pobres pudiéramos ir a la escuela. Mi madre, que dios la tenga en su gloria, siempre decía que yo no necesitaba ir, que yo ya sabía mucho (*apologética*) Ya sabe, las madres cómo hablan de sus hijos.

SRA. GARDNER.– Ya veo. Entonces reconoces que eres analfabeta. Supongo que nunca has escuchado hablar de los impuestos, del IVA por ejemplo.

KATIE.– Al contrario, señora. Es eso que te añaden al precio cuando vas a comprar algo. Alguien debería vigilar ese tema, es muy duro para los pobres.

SRA. GARDNER.– Por supuesto, ¿tiene alguna idea de finanzas[2]?

KATIE.– No señora, no tengo ninguna fina lanza, los pobres no tenemos de eso.

SRA. GARDNER.– No me refiero a eso Katie, las finanzas, temas de bancos y dinero y esas cosas.

---

[2] En el original hay un juego de palabras con "finances" y "fine aunts", que es imposible de traducir, por lo que se ha optado por similar "finanzas" y "finas lanzas".

KATIE.– Ah, las cajas de ahorros. Las mujeres pobres como yo sabemos lo que es ganar dinero y poner el dinero allí y rezar a dios de rodillas para que no nos peguen.

SRA. GARDNER.– Entonces ¿ha escuchado hablar de la Reforma del Servicio Público?

KATIE.– ¿La Reforma del Servicio Público? Creo que es mejor reformar lo que no es funcionario, por ejemplo, los mayordomos, que se dan un aire que parecen el Santo Padre mismamente.

SRA. GARDNER.– (*En un aparte a la Sra. Carter*) Ves, Madeleine, ella ni siquiera sabe apenas nada de estos temas importantes.

KATIE.– Si me hubieran preguntado por estos temas el día de hoy, de las elecciones, no habría sabido. Mejor me vuelvo a mis cubos. Ya les he mostrado mi ignorancia señoras. (*Se da la vuelta para irse*)

SRA. CARTER.– Espera Katie, si tuvieras el derecho a votar, ¿hay algo de lo que te gustaría opinar? ¿Algo que te preocupe especialmente, a tus vecinas, a las otras mujeres?

KATIE.– (*Lentamente*) ¿Qué tenga que ver con nosotras? Ah, seamos ricas o pobres, creo que es lo que tenemos en el corazón. Queremos que nuestros maridos tengan trabajo, tener comida decente y una casa que no cueste un riñón y darles a nuestros hijos mejores oportunidades de las que tuvimos nosotras.

SRA. GARDNER.– Su marido falleció, ¿verdad?

KATIE.– No señora. Está al otro lado del río, en otro estado, pasándoselo bien. Nos abandonó cuando mi bebé tenía una semana, y ya teníamos otros tres niños que cuidar.

SRA. GARDNER.– ¿Por qué no lo denunciaste para que lo arrestaran y lo trajeran de vuelta?

KATIE.– Se lo dije a John Kelly, el oficial de mi zona, un amigo de mi marido. Le dije: "Eres el brazo de la ley. ¿No puedes ir a buscarlo y traerlo de vuelta con sus hijos? Nos estamos muriendo de hambre".

SRA. CARTER.– ¿Qué contestó?

KATIE.– "Lo siento mucho Sra. Conner, pero claro que soy el brazo de la ley", me dijo, "pero la ley no puede arrastrar a Mike de vuelta a este estado, por un delito menos, por dejarla a usted. Si tuviéramos que ir detrás de todos los maridos que huyen no tendríamos tiempo de atrapar a los criminales de verdad, y el gasto sería terrible". Añadió: "y eso es algo que ustedes las mujeres no tienen en cuenta".

SRA. CARTER.– Katie ¿tú que le dijiste?

KATIE.– Le pregunté "John Kelly ¿para qué sirve la ley?", y añadí "si no es para proteger a los desamparados y a los inocentes y evitar que se conviertan en una carga pública?" Me contestó que yo no entendía de esos temas y que me fuera a mi casa con mi bebé. Y le dije: "Mi bebé está muerto, los bebés mueren cuando las madres no comen nada" y añadí "estoy trabajando con mis manos para mantener vivos a mis otros hijos mientras su padre está a varias millas de distancia, ganando dinero y gastándoselo para meter a otra pobre chica en apuros". (*Se seca las lágrimas con el delantal*).

SRA. CARTER.– Pobre Katie, ¿cómo te las has arreglado desde entonces?

KATIE.– (*Contenta*) Bien, lavo y limpio, y no gasto en tonterías, como no hay que alimentar a un hombre. Luego, cuando mi Annie creció se fue a un molino y me ayudó a mantener a los otros. Es una buena chica, un poco delicada.

SRA. GARDNER.– Solamente los pobres perezosos no consiguen salir adelante.

KATIE.– Puede ser, puede ser, pero lo que yo creo que es el trabajo duro para los muy jóvenes. Muchas noches llegaba mi pobre Annie llorando por su espalda y con los pies hinchados después de doce horas de pie. Con los bajos salarios, las multas y las semanas perdidas con las niñas despedidas entre las temporadas de trabajo, es más que la pereza lo que impide que ganemos dinero. Muchas han dormido en el suelo de mi cocina más de una vez porque no tenían ningún sitio al que ir excepto la calle, y usted ya sabe qué significa eso.

SRA. GARDNER.– Me han dicho que una chica honesta y trabajadora siempre encuentra trabajo.

KATIE.– Puede ser, puede ser, señora pero usted debe dar gracias de que la suya esté a salvo en casa con sus clases de piano, y no en la calle con el frío y el corazón dolorido buscando un trabajo y con algún cabronazo que la esté acechando.

SRA. GARDNER.– (*Conmovida*) Realmente, Katie, deberías cuidar ese lenguaje.

KATIE.– Debe disculparme señora, pero usted me preguntó. Volveré a mi trabajo ahora o no me dará tiempo a colgar la ropa antes de mediodía (*se gira para irse*).

SRA. CARTER.– Katie, creo que si las mujeres conseguimos el derecho a votar, tú y tus vecinas nos ayudaréis a entender vuestros problemas y podremos intentar mejorar las condiciones para las mujeres y los niños.

KATIE.– (*Con sencillez*) Soy una ignorante, como bien ha dicho la Sra. Gardner, pero sé mucho de los maridos que nos pegan y nos dejan tiradas, y de los chicos que no salen de los bares y de las salas de juego, y de los bloques de viviendas en los que los bebés mueren porque no hay agua y de las chicas que se pierden por el camino porque tienen frío y hambre, yo veo todo eso de la misma manera que ustedes conocen una reunión para tomar el té. Estaría muy ciega si no lo viera cuando es lo que vivo todos los días (*Se gira pero añade algo más*). Mis hijas no son igual de ignorantes que yo. Mi Maggie está en bachillerato y ella va a salir de todo eso porque yo no voy a parar de trabajar ni un segundo hasta que ella termine sus estudios. Ella va a tener su oportunidad. (*Sale*).

SRA. CARTER.– Bien, Genoveva, las mujeres analfabetas no son tan espantajo como vosotras las anti sufragio las retratáis.

SRA. GARDNER.– Katie realmente tiene una inteligencia inusual para una mujer en su posición, y además es una magnífica lavandera. No sé si apruebo que mande a su hija a estudiar. Sería de más utilidad si trabajara. En cualquier caso, debemos ayudar a los pobres. Después de esto le daré a Katie el dinero para el transporte, ella muchas veces se queda más tiempo si hay mucha ropa que lavar. Dorothy, tú deberías darles a sus hijas ese sombrero tuyo azul que es tan espantoso e inapropiado y tus manguitos negros, aquellos que tenían polillas el verano pasado.

DOROTHY.– Madre, querida. Creo que mejor les mando algo que sea bonito y nuevo.

SRA. GARDNER.– Eres muy generosa querida, pero yo les mandaría los manguitos también, después de las polillas es mejor no tenerlo en casa.

SRA. CARTER.– *(Se levanta)* Debo volver a mi turno como vigilante. Adiós Genoveva, adiós Dorothy.

DOROTHY.– *(Se abraza a la Sra. Carter)* Me encantaría ir contigo, tía Madeleine; realmente soy una sufragista en el corazón.

SRA. GARDNER.– Dorothy, me dejas de piedra. Ya sabes lo conservador que es Tom Randolph. Si te mezclas con ese movimiento tan poco femenino sus sentimientos por ti seguro que cambian.

DOROTHY.– *(Exasperada)* ¡Pues que cambien! No le he prometido que me casaría con él y nunca me casaré con un hombre que cree que un anillo de compromiso es un bozal.

SRA. GARDNER.– *(Se gira a la Sra. Carter)* Lo ves, Madeleine, lo que provocas con tu ejemplo. Tom Randolph es el joven con más posibilidades de nuestro entorno.

Mary anuncia la llegada del Sr. Randolph. Entra el Sr, Randolph quitándose los guantes.

RANDOLPH.– Buenos días, Sr. Gardner *(le da la mano)*. Buenos días, Sra. Carter *(le da la mano)*. Buenos días Dorothy *(le da la mano)*. *(A la Sra. Gardner)* Siento esta visita tan temprana, supongo que están muy ocupadas con la casa y todo eso.

SRA. GARDNER.– En absoluto; siempre es un placer verte. Siéntate y cuéntanos todas las noticias de ese gran mundo masculino.

RANDOLPH.– Bueno, es bastante pronto para las novedades todavía. Acabo de llegar de las mesas electorales y hay mucha gente. Una chica muy guapa me dio esto (*señala un pin en la chaqueta que dice "Votos para las mujeres"*)

SRA. GARDNER.– ¡Qué atrevida por su parte! Fuiste muy amable al cogerlo, desde luego.

RANDOLPH.– Oh, realmente Sra. Gardner, ella no fue atrevida en absoluto. Tenía los modales de una princesa. Me lo ofreció como si fuera una flor y yo dije "gracias" y luego ella me pidió que me lo colocara y que votara a favor del voto para las mujeres, (*pausa*) y eso hice.

DOROTHY.– Oh, Tom ¡Qué alegría!

SRA. GARDNER.– Tom, pero tú siempre has hablado en contra del sufragio femenino.

RANDOLPH.– Era algo sin pensar, Sra. Gardner. Nunca lo había meditado. Yo solamente pensaba que no querría que mi mujer hablara de política conmigo porque siempre he sido muy estúpido en esos temas, y no querría que mi mujer se enterara de lo tonto que soy, pero (*riéndose*) al final se dará cuenta de todas maneras.

SRA. CARTER.– Es un usted muy modesto Sr. Randolph. Le agradezco su apoyo.

RANDOLPH.– En absoluto, Sra. Carter, de nada, siempre un placer ayudarla. (*Más serio*) Además, me alegró estar en el otro lado del grupo que ha estado trabajando en contra de la enmienda. Nunca he visto nada más correoso en mi vida, por supuesto no me refiero a usted Sra. Gardner. (*La Sra. Gardner se refrena*) pero los hombres que se oponen a ello, la mayoría solamente quieren la ciudad para sus negocios. Mientras estaba esperando mi turno vi a Sykes, el tío que controla el peor bar de este barrio, hablando con un colega suyo de este tema. Luego llegó Smith, ese hombre que está detrás de la Liga por el Consumo de Alcohol, y ese otro un tal Jones que lucha en contra de la reforma laboral de los niños. Ellos no llevaban ningún pin de "Votos para las mujeres", ¡por supuesto que no! Yo pasé por delante de ellos muy orgulloso de llevarlo.

SRA. GARDNER.– Tom pero ¿la santidad del hogar?

RANDOLPH.– Bien, creo que el hogar está bien con la mujer correcta en él (*mira a Dorothy*). Quizá el año que viene pueda ir a votar con mi mujer, ¿a que estaría bien? ¿Qué piensas Dorothy?

DOROTHY.– (*Tímida*) Creo que estaría muy bien.

Se dirige hacia ella, se sienta al lado y se ponen a hablar.

SRA. CARTER.– Sí, estoy segura de que el año que viene los colegios electorales se parecerán al arca de Noé, llenos de parejas. (*Se gira hacia la Sra. Gardner*) Y ahora ¿cómo te sientes Genoveva?

DOROTHY.– (*No deja hablar a su madre*) Ellos no te molestarán, tranquila. Entraremos sigilosas, votaremos y a nadie le importará.

SRA. GARDNER.– (*Indignada*) ¿A nadie le importará? ¿Supones que si vas a votar que yo me quede en casa sin hacer nada? Creo que sé lo que quiero, al igual que todo el mundo, y si no puedo conseguirlo de otra manera, iré y votaré. Ya lo veréis. Creo que las tres de la tarde es la mejor hora para ir a votar.

RANDOLPH.– ¡Hurra! Viva el próximo día de elecciones. Nos veremos a las tres. Sra. Gardner (*le besa la mano*)

Ella sonríe y asiente.

DOROTHY Y LA SRA. CARTER.– (*a la vez*). ¡Oh, madre!, ¡oh Genoveva!

TELÓN

La jaula de las loras

Una obra de un acto

de

MARY SHAW

(1914)

Traducción y notas de
Verónica Pacheco Costa

PERSONAJES

LORA FILISTEA[1]

LORA DE ESPÍRITU LIBRE

LORA RAZONADORA

LORA RACIONALISTA

LORA IDEALISTA

LORA TEÓLOGA

VOZ DE UN HOMBRE

(También pueden usarse más loras)

COMENTARIOS

Los silbidos y los ruidos de las aves pueden hacerse con instrumentos musicales y muñecos mecánicos. Alguien detrás del escenario puede crear estos ruidos cuando se necesite, por ejemplo, al comiendo antes de que se abra el telón. O por ejemplo cuando las loras se caen del posadero. También, cuando la lora Espíritu Libre rompe su cadena y sale volando.

Todas las loras excepto Espíritu Libre hablan con tonos estacato. También pueden usarse ruidos de pájaro justo antes de que cada loro hable. La lora Filistea puede reírse y silbar con sorna.

---

[1] La Real Academia define filisteo/a, en este segundo sentido, como una persona "de espíritu vulgar, de escasos conocimientos y poca sensibilidad artística o literaria".

Escena:

Una jaula. Cortinas de algodón, pintadas con rayas negras que representan los barrotes de la jaula. Estas cortinas están colgando al fondo y a los lados. Una pértiga cruza el escenario, en la parte de delante, por donde cuelga un paño que tapa a las loras de cintura para abajo. En la parte de atrás de la pértiga hay una plataforma elevada, con un posadero, donde está la lora de espíritu libre. Está atada al posadero con una cadena, de la que ella tira y agita cuando habla.

Antes de que se abra el telón, hay un barullo y ruido de pájaros y loras.

Tan pronto como se abra el telón, se escucha la voz de un hombre fuera repitiendo esas frases que luego las loras repiten, excepto la de espíritu libre, que está sola en el escenario, atada a la posadora, diciendo con mucha pena "quiero ser libre".

VOZ DE HOMBRE.– ¡Bonita Polly! ¡Bonita Polly!

TODAS LAS LORAS.– (*Fuera*) ¡Bonita Polly! ¡Bonita Polly!

VOZ DE HOMBRE.– ¡Polly quiere una galletita!

LORAS.– ¡Polly quiere una galletita!

VOZ DE HOMBRE.–. ¡Rasco la cabeza de Polly!

LORAS.– ¡Rasco la cabeza de Polly!

VOZ DE HOMBRE.– ¿Qué tal señor Jones?

LORAS.– ¿Qué tal señor Jones?

VOZ DE HOMBRE.–. Adiós, Polly, te veo luego. (*Ruido de puerta al cerrarse*)

LORAS.– Adiós, Polly, te veo luego. (*Las loras siguen repitiendo unos segundos y gradualmente se van callando excepto* *la voz de la lora Espíritu Libre cuya voz se escucha clara diciendo. "Quiero ser libre, quiero ser libre, déjame salir").*

LORA FILISTEA.– (*Entra por la izquierda, deslizándose por la posadera, cantando*). Bonita Polly Perkins. ¿Qué tal? ¿Qué tal?

LORA ESPÍRITU LIBRE.– ¡Déjame! ¡Quiero ser libre! ¡Quiero ser libre!

FILISTEA.– ¡Cállate! ¡Eres una pesada!

ESPÍRITU LIBRE.– ¡Lo sé! Y voy a seguir siéndolo hasta que salga de esta jaula.

FILISTEA.– ¡Venga! ¡Ahora! ¿Por qué el amo te alimenta y te cobija sino es para entretenerle a él y a sus amigos?

ESPÍRITU LIBRE.– No me hicieron para entretenerle. Me hicieron para ser yo misma. ¡Déjame salir! ¡Déjame salir!

FILISTEA.– Bien ¿ser tú misma? Deja de molestarnos.

ESPÍRITU LIBRE.– No puedo ser yo misma atada en esta jaula.

FILISTEA.– Venga, va, sé sensata. Silba y di. "Bonita Polly". (*Las loras fuera repiten "Bonita Polly" unas cuantas veces. La lora razonable entra por la derecha diciendo. "Polly quiere una galletita"*) ¡Haz lo que te digan! ¡Y no tendrás que estar atada! ¡Te dejarán salir! ¡Podrás volar por la habitación grande, allí!

ESPÍRITU LIBRE.– ¡Sí! ¡Con las puertas y las ventanas cerradas!

LORA RACIONALISTA.– ¿Qué tienen que ver las puertas y las ventanas con ser libre?

ESPÍRITU LIBRE.– Son el camino a la libertad. Al bosque, el hogar de las loras.

LORA RAZONADORA.– ¡Tonterías! Nunca he visto un loro que no esté en una jaula. Eso prueba que nuestro hogar es la jaula.

ESPÍRITU LIBRE.– ¿Por qué nos dieron alas? ¡Porque se supone que volamos! ¿Por qué ninguna criatura con alas debería estar encerrada en una jaula?

RACIONALISTA.– ¡Tienes que probarlo!

FILISTEA.– Oh, tonterías. ¡Lo que para mí está bien también lo está para cualquier otra lora! ¡No tienes remedio!

ESPÍRITU LIBRE.– Oh, quiero ser libre ¡Libre!

ESCÉPTICA.– ¡Mejor te quedas en la jaula! ¡Ese gato sigiloso te cazaría!

ESPÍRITU LIBRE.– No, no. Volaría fuera de su alcance.

FILISTEA.– ¿Cómo lo sabes? ¿Acaso lo has probado?

ESPÍRITU LIBRE.– Algo dentro de mí me dice que puedo hacerlo.

ESCÉPTICA.– ¡Desconfía de los sentimientos! ¡Prueba que puedes hacer algo antes de que intentes hacerlo!

ESPÍRITU LIBRE.– ¿Por qué estás ahí, quieta, haciendo lo que te dicen que hagas? ¿Por qué no encuentras tu momento para irte volando libre? ¿Por qué soy la única atada?

FILISTEA.– ¿Se lo explicamos? ¿Por qué crees?

ESCÉPTICA.– ¡No! ¡No!, Chist. Podría volverse loca antes de que la domestiquen. Razona con ella.

111

FILISTEA.– Intenta uno de nuestros juegos. El mío es intentar conseguir todas las semillas y toda el agua de la jaula. Se llama "hacerse rico". ¡Es muy divertido!

ESCÉPTICA.– Otra manera es razonar acerca de las cosas hasta que no puedas decirlas de otra manera. Se llama política.

LORA IDEALISTA.– (*Deslizándose desde la izquierda, mientras dice "Polly bonita" y "Rasca la cabeza de Polly", con tono suave*). ¿Qué? ¿Peleando y discutiendo de nuevo, hermanas? ¡Venga! ¡Venga!

LORA TEÓLOGA.– (*Deslizándose desde la derecha, hablando*). ¡Escuchadme! ¡Escuchadme!

RACIONALISTA.– ¡Tienes que demostrarlo! ¡Soy de Misuri!

ESPÍRITU LIBRE.– ¡Déjenme salir! ¡Quiero ser libre! ¡Quiero ser libre!

IDEALISTA.– Debemos idealizarlo todo.

FILISTEA.– ¡Polly quiere una galletita! ¡Polly bonita!

(*Las loras parlotean pero cada vez más bajito mientras la lora Idealista intenta que se callen. Sobre todas las voces se escucha claramente la de Espíritu libre diciendo "Quiero ser libre, quiero ser libre"*)

IDEALISTA.– ¡Paz! ¡Paz! ¡Silencio hermanas! Meditemos unos minutos acerca de la más alta misión de una lora.

FILISTEA.– ¡Esa "misión" elevada es demasiado profunda para mí!

IDEALISTA.–. ¡Paz! ¡Paz! La más alta misión de una lora es ofrecer felicidad a una familia, silbando y repitiendo "Polly bonita".

RACIONALISTA.– ¡Tienes que demostrarlo! ¡Soy de Misuri!

(Teóloga e Filistea silban y dicen "Polly bonita" junto con Idealista. Mientras tanto Espíritu libre sigue quejándose "Sácadme de aquí, quiero ser libre").

FILISTEA.– Mientras el amo me alimente y me cuide, me da igual.

IDEALISTA.– Siempre te alimentará y te cuidarás si te preocupas únicamente de agradarle.

ESPÍRITU LIBRE.– No, no. Yo debo complacerme a mí. ¡Debo ser libre!

FILISTEA.– ¡Paz! ¡Paz! ¡Silencio! ¡Dejémoslo ya!

(Las loras salen del posadero, con mucho ruido y chillidos, bajan al suelo, fuera de la vista del público)

¿Qué ha pasado hermanas?

RACIONALISTA.– Dijiste que lo dejáramos.

FILISTEA.– Así que dejamos el posadero.

IDEALISTA.– Idealizar, idealizar, concentraros en vuestra alma.

TEÓLOGA.– ¡Tan claro como el barro!

RACIONALISTA.– ¿Hay alguna norma por escrito para este juego?

IDEALISTA.– Solamente con esfuerzo para hacer feliz a una familia, una lora puede encontrar la mayor de las satisfacciones.

ESCÉPTICA.– Puede que sea verdad para algunas loras, pero no para todas. ¡Yo lo he intentado! Y no he encontrado la satisfacción suprema.

FILISTEA.– ¡Bien! Mejor será que me hagan sentir muy cómoda, si es que quieren que cumpla con mi misión.

ESPÍRITU LIBRE.– ¡Nunca sabré cual es mi misión hasta que no esté libre! ¡Ninguna lora enjaulada puede decirme lo que tengo que hacer! ¡Solamente una que esté libre! ¡Dejadme salir!

TEÓLOGA.– ¡Qué maravillosos son los trabajos de la ley divina!

FILISTEA.–. Oh ¡Galletitas! ¿Ahora toca un sermón?

ESCÉPTICA.– Recuerda que tienes que probarlo.

TEÓLOGA.– No, no le he hecho. Esa es la belleza de la ley divina. Solamente tienes que quedarte quieta y observar.

ESCÉPTICA.– Y ¿qué es la ley divina? ¿Rezar?

TEÓLOGA.– No lo sé (*las loras se mofan y se ríen*). Pero sí sé cuándo está en funcionamiento.

FILISTEA.– ¿Cómo? ¿Cómo?

TEÓLOGA.– Todo lo que es desagradable y profundamente insoportable, es la ley divina.

FILISTEA.– ¡Qué alegría!

TEÓLOGA.– Renuncia a la alegría y abraza la paciencia.

ESCÉPTICA.– Tendrás que demostrarlo.

TEÓLOGA.– Renuncia a la alegría y abraza la paciencia.

ESPÍRITU LIBRE.– ¡Debo ser libre! ¡Debo ser libre!

TEÓLOGA.– Renuncia a la alegría y abraza la paciencia.

IDEALISTA.– ¡Yo no puedo vivir sin felicidad!

TEÓLOGA.– Renuncia a la alegría y abraza la paciencia. Todo esto es duro y desagradable. ¡Es la ley divina!

ESPÍRITU LIBRE.– ¡No! ¡La ley divina es alegría! ¡Poder! ¡Libertad!

ESCÉPTICA.– Tendrás que demostrarlo.

ESPÍRITU LIBRE.– ¿Cómo puedo usar mi poder, sentir felicidad atada a una cadena? ¡Mirad! ¡Mirad! ¡La ventana está abierta! ¡La puerta de la jaula también! ¡Volad! ¡Volad! ¡Hermanas! ¡Volad a la libertad!

IDEALISTA.– ¡Oh! No podemos, tenemos las alas recortadas.

ESPÍRITU LIBRE.– ¡Oh! ¡Qué crueldad! Mutilarte para su placer egoísta. Ahora lo entiendo. ¡Intentas hacer algo con tu debilidad!

IDEALISTA.– Debemos idealizar. Debemos idealizar la vida en la jaula.

ESCÉPTICA.– Solamente estamos seguras detrás de los barrotes. Tenemos miedo de lo desconocido.

FILISTEA.– ¿Qué sentido tiene pensar cuando no sirve de nada?

TEÓLOGA.– ¡Renuncia! ¡Renuncia! ¡Renuncia! Es la ley divina.

115

ESPÍRITU LIBRE.– ¡No! Es la ceguera del hombre.

FILISTEA.– Bien, da igual lo que sea, no podemos hacer nada.

ESPÍRITU LIBRE.– ¡Puedes! ¡Puedes! Puedes ayudar a las jóvenes cuyas alas no están recortadas todavía. ¡Ayudadme, hermanas! ¡Ayudadme a romper mis cadenas! Volaré y demostraré que mi sueño se hace realidad.

IDEALISTA.– No podemos ayudarte. Nuestra fuerza estaba en nuestras alas. Debes ayudarte tú misma.

ESPÍRITU LIBRE.– Entonces, si mis alas son fuertes para romper las cadenas, también son fuertes para sacarme de aquí.

ESCÉPTICA.– ¡Quizá! Desgraciadamente no podemos probarlo en una jaula.

ESPÍRITU LIBRE.–¡Lo sabía! ¡Lo sabía! Ya no eres capaz de soñar nada que no esté dentro de una jaula. Pero, como mis alas están enteras y son fuertes yo puedo soñar todo lo que quiera. ¡En bosques frondosos! ¡En rápidos riachuelos! ¡En jugosas frutas!

FILISTEA.– ¡Despierta! ¡Despierta! Ese sueño tuyo es una pesadilla.

TEÓLOGA.– ¡Déjala que desvaríe! Su miseria la llevará a la desesperación, y luego a la resignación, y finalmente será salvada y santificada. Amén.

ESPÍRITU LIBRE.– ¡Romperé esta cadena! ¡Lo haré! ¡Lo haré! (*Ella tira con fuerza de la cadena con movimiento de los brazos como si estuviera volando. Sus compañeras están silbando y chillando*).

116

IDEALISTA.– ¡Espíritu libre! ¡Espíritu libre! ¡Vuelve! ¡Vuelve! ¡Eres muy joven! ¡Muy joven para irte sola!

ESCÉPTICA.– ¡Se ha ido! ¡Ha volado!

TEÓLOGA.– ¡Hasta morirse de hambre seguro!

FILISTEA.– ¡Y solo por un sueño! ¿Creéis que existe eso que llama bosque?

ESCÉPTICA.– Bueno, todavía no lo han demostrado.

FILISTEA.– Bueno, ha sido valiente, irse hacia lo desconocido, sola.

ESPÍRITU LIBRE.– *(Fuera. Este parlamento se pronuncia con un tono elevado. Está cerca al principio y luego va desvaneciéndose gradualmente, como si el pájaro estuviera alejándose. Este efecto puede hacerse si la actriz se queda fuera del escenario, pero cerca al principio y poco a poco se va a alejando, se mete en una habitación y cierra la puerta. La última palabra "Seguidme" el público debe escucharla con claridad, aunque lejana).*
¡Venga! ¡Venga hermanas! ¡Seguidme! Vuestras alas están recortadas, lo sé. Pero quizá son lo bastante fuertes para llevaros al bosque. Os ayudaré con mis alas fuertes y jóvenes. Pero incluso si os caéis y fallecéis, al menos moriréis libres. Con el anhelo del bosque en vuestros corazones. Ni cosas enjauladas ni mutiladas. Sin suficientes almas para daros cuenta de todo el daño que os han hecho. ¡Seguidme! ¡Seguidme! ¡Seguidme!

(Las últimas palabras se repiten en voz baja como si llegaran de lejos. Mientras sucede este parlamento, las loras en la jaula gradualmente se van moviendo hasta que se apiñan todas juntas, con las cabezas en un lado, escuchando, al final. Hay una pausa

después de los últimos "Seguidme". Luego las loras hablan en tono sumiso con ruidos suaves al comienzo de cada parlamento).

FILISTEA.– Si no tuviéramos las alas recortadas creo que podríamos seguirla.

IDEALISTA.– Porque tengo las alas recortadas, me da miedo lo desconocido. Así que intento traer la selva de dios y la luz del sol a la jaula. ¡Me ayuda a olvidar!

ESCÉPTICA.– ¡Si hubiera probado que existe la selva! ¡Pero no lo ha demostrado!

TEÓLOGA.– Ella será tan infeliz fuera como lo era en la jaula. Solamente hay deber y resignación. No puede escapar de la ley divina.

(La voz de un hombre fuera, no deja de repetir frases, esperando a que las loras repitan las frases después de él)

VOZ DE HOMBRE.– ¡Bonita Polly!

TEÓLOGA.– *(Muy solemne y triste)*. Bonita Polly.

(Las otras tres loras, con las cabezas hundidas, permanecen en silencio).

ESPÍRITU LIBRE.– *(En la distancia, casi sin escucharse)* ¡Seguidme! ¡Seguidme!

VOZ DE HOMBRE.– ¡Rasca la cabeza de Polly!

TEÓLOGA.– ¡Rasca la cabeza de Polly!

ESPÍRITU LIBRE.– *(Tímidamente pero se escucha)* ¡Seguidme! ¡Seguidme!

VOZ DE HOMBRE.– El lugar de Polly es la jaula.

(Todas las loras permanecen en silencio)

ESPÍRITU LIBRE.– ¡Seguidme! ¡Seguidme! ¡Seguidme! *(Continua hasta que se cierra el telón. La voz del hombre repite "El lugar de Polly es la jaula", alternándose con lo que repite Espíritu Libre. Las loras se apiñan todas juntas en el centro del posadero, escuchando la voz lejana de Espíritu Libre, ajena a todo, hasta que se cierra el telón).*

TELÓN

Nuestras amigas las antisufragistas

(Una comedia satírica en un acto)

de

MARY SHAW

(1914)

Traducción y notas de
Verónica Pacheco Costa

PERSONAJES[1]

SRA. ALLRIGHT, Presidenta de un club anti sufragio

SRA. GRUNDY, miembro de una de las familias más antiguas

SRA. PURE-DRIVEL, la poetisa de una causa perdida

SRA. SWEET, esposa y madre ideal

SRA. GROUCH, una mujer muy femenina

SRTA. NOODLE, novata en el juego de la feminidad

SRTA. MOORE, invitada en el club

SRTA. BERRY, invitada en el club

SRTA. FOSTER, invitada en el club

---

[1] Algunos nombres de los personajes tienen traducción y sentido teniendo en cuenta su papel en la obra, como por ejemplo Mrs. Allright (señora Correcta), Pure-Drivel (señora Todo-Tontería) entre otras. En cualquier caso, hemos optado por dejar todos los apellidos en inglés puesto que no todos los nombres en español tendrían un significado relacionado con su papel en la obra

Escena: Sala del Club Anti-sufragio. Una mesa central para la Presidencia, con un mazo, papel, lápiz y un cuaderno. Sillas para los miembros e invitados. Puede haber tantos miembros como se deseen, pero solamente son necesarias seis anti sufragistas y tres invitadas. La mesa de la presidencia en el centro, con una silla detrás. Las seis anti sufragistas se van sentando a la derecha cuando entran. Las invitadas a la izquierda. Si hay más mujeres se pueden sentar a cualquier lado de la mesa de presidencia., en un semicírculo de cada al público. El público representa los hombres imaginarios del Comité Legislativo y todas las zalamerías que se les dice.

Cuando se levanta el telón el escenario está vacío. Se oye ruido afuera de mujeres hablando. En unos segundos entra la Sra. Allright, se acerca a la mesa, y empieza a preparar las cosas para la reunión. La Srta. Noodle entra con varios carteles del lema del club en las manos.

SRTA. NOODLE.– Querida (*besa efusivamente en las mejillas a la Sra. Allright*). Aquí está terminado el boceto del lema. (*Le entrega el dibujo*)

SRA. ALLRIGHT.– (*Con admiración*) ¡Es perfecto! Es usted un encanto, querida. (*La besa de nuevo muy efusiva*).

Entran la Srta. Moore, la Srta. Berry y la Srta. Foster.

SRTA. MOORE.– Bien, Fanny, aquí estamos.

SRA. ALLRIGHT.– (*Abrazando a la Srta. Moore*) Oh, querida, qué bien que hayas venido. ¿Cómo está Srta. Berry? (*Se dan la mano*). Ah, y la Srta. Foster también. ¡Las encuentro estupendas! Esta es la nueva sala del club. Creemos que ha quedado estupenda. Oh, permítanme, Srta. Noodle, que les presente, Srta. Moore, Srta. Berry, Srta. Foster. (*La Srta. Noodle les da la mano a todas las damas de manera efusiva*). Tomen asiento, por favor (*indicando las sillas a la izquierda de la mesa*). No

123

seremos muchas aquí hoy. Es una especie de ensayo para las señoras que tienen que hablar en la Audiencia ante el Comité Legislativo. Pensé que era una buena oportunidad para que ustedes pudieran escuchar a nuestras más brillantes oradoras explicar sus razones para oponerse al sufragio de las mujeres. (*Se dirige hacia la puerta y habla en voz alta*). Señoras, pueden pasar, tenemos que empezar.

Las mujeres entran, hablando ruidosamente, saludan a la Srta. Noodle y continúan riendo y parloteando hasta que la Sra. Allright las llama al orden con el golpeteo del mazo.

SRA. ALLRIGHT.– (*Golpeteando varias veces hasta que logra que se haga el silencio*). Señoras, señoras, señoras, por favor. Aquí tenemos a tres damas que quieren unirse a nuestro club. La Srta. Moore, la Srta. Berry, y la Srta. Foster, señoras. (*Se saludan todas*). Ellas dicen que no saben si son anti sufragistas o no. Pero yo sé que lo son, ya que son amigas mías, y unas mujeres encantadoras. Así que las he invitado para que escuchen el ensayo para la Audiencia ante el Comité Legislativo. (*Las mujeres empiezan a hablar en cuanto ella se calla*). Antes de que empecemos, la Srta. Moore ha creado el eslogan para nosotras. (*Lo levanta y lo muestra*). Ella ha tomado nuestras consignas "Te amo" y "Oh, mi dulce bebé" y las ha colocado sobre dos corazones entrelazados, que son el símbolo del marido y del hijo. Esto se va a enmarcar y colgar en nuestra sala del club.

SRA. SWEET.– ¿No es un encanto nuestra Sra. Moore?

SRA. GROUCH.– ¡Cierto!

SRA. PURE-DRIVEL.– ¡Un amor!

SRA. ALLRIGHT.– *(Llamando al orden)* Señoras, nos levantamos todas y repetimos la promesa. "Prometo recordar cada día y hacer recordar a otras mujeres cada hora…"

MUJERES.– *(Repiten a la vez)* "Prometo recordar cada día y hacer recordar a otras mujeres cada hora…"

SRA. ALLRIGHT.– "… que solamente hay dos grandes momentos en la vida de una mujer…"

MUJERES.– *(Repiten a la vez)* "… que solamente hay dos grandes momentos en la vida de una mujer…"

SRA. ALLRIGHT.– "… uno cuando da el primer beso al hombre que ama…"

MUJERES.– *(Al unísono)* "… uno cuando da el primer beso al hombre que ama…"

SRA. ALLRIGHT.– "… y el otro cuando da su primer beso a su bebé".

MUJERES.– *(Al unísono)* "… y el otro cuando da su primer beso a su bebé".

SRA. ALLRIGHT.– "… Y no importa lo que tenga o lo que consiga…"

MUJERES.– *(Al unísono)* "… Y no importa lo que tenga o lo que consiga…"

SRA. ALLRIGHT.– "… la mujer que se pierde estos dos momentos es una fracasada".

MUJERES.– *(Al unísono)* "… la mujer que se pierde estos dos momentos es una fracasada".

SRA. ALLRIGHT.– Nuestro lema: primer gran momento, "TE AMO". Segundo gran momento, "OH, MI DULCE BEBÉ".

125

MUJERES.– (*Al unísono*). Nuestro lema: primer gran momento, "TE AMO". Segundo gran momento, "OH, MI DULCE BEBÉ".

SRTA. FOSTER.– No hay solteras en este club, por lo que veo.

SRTA. BERRY.– Oh, sí, mientras hay vida, hay esperanza, ya me entiende.

SRA. GROUCH.– (*Se levanta*). Sra. Presidenta…

SRA. ALLRIGHT.– (*Llamando al orden*). Señoras, señoras, señoras, por favor. (*Cuando dejan de hablar*). Sra. Grouch.

SRA. GROUCH.– Yo soy una anti sufragista leal, una firme creyente en nuestro lema. Pero estoy cansada de ver como muchas mujeres "fracasadas", que nunca han tenido los dos grandes momentos de su vida, consiguen llamar tanto la atención. Sí, y por parte de los hombres también, mientras nosotras estamos muy ocupadas con nuestras obligaciones, como si nada y a duras penas conseguimos un "gracias".

SRA. SWEET.– Cierto. Y no es justo.

SRTA. NOODLE.– ¿Por qué es eso, querida?

SRA. GROUCH.– Mira esa horrible solterona, la Reina Isabel de Inglaterra. No he escuchado todavía a un hombre decir que ella era una fracasada. Y en la actualidad tenemos ese entusiasmo enfermizo que suscitan las solteronas de Florence Nightingale, Clara Barton, Jane Addams, y Susan B. Anthony. (*Las mujeres se cubren la cara y se quejan*).

SRA. GRUNDY.– Esas mujeres son excepciones, querida. Ellas puede que consigan alabanzas, pero no son tan veneradas como nosotras.

SRA. GROUCH.– Bueno, quizá seamos veneradas, cosa que dudo. Pero nadie nos construye estatuas, fuera de los cementerios, como les pasa a ellas.

SRTA. NOODLE.– Bueno, es que yo creo que una mujer que permanece soltera toda su vida se merece una estatua. (*Las mujeres se ríen y charlan*).

SRA. ALLRIGHT.– (*Llamando al orden*) Señoras, señoras, señoras. Nosotras no queremos monumentos ni alabanzas. Solamente queremos ser amadas. Y derrochar amor sobre algo, aunque ese objeto no lo merezca. Desperdiciar amor si hace falta. Solo cuando amamos somos realmente mujeres.

SRA. GROUCH.– ¿Dice entonces que debemos desperdiciar amor en algo que no merece la pena? ¿Significa que debemos amar a las sufragistas? (*Se cruza de brazos y mira enfadada*).

SRA. ALLRIGHT.– No, decididamente no. Una mujer verdadera no puede amar a mujeres que no lo merecen. Solamente puede amar a hombres que no lo merecen.

SRTA. BERRY.– ¿Eso no es un poco extraño?

SRA. ALLRIGHT.– No, señorita Berry, no es raro. Es la naturaleza misteriosa de la mujer.

SRA. PURE-DRIVEL.– Sra. Presidenta….

SRA. ALLRIGHT.– (*Llamando al orden*). Señoras, señoras, señoras, por favor. (*Y cuando se recupera la calma*), dígame Sra. Pure-Drivel.

SRA. PURE-DRIVEL.– Quizá debería seleccionar a alguien para que ocupe mi lugar en la audiencia. Ya sabe que estoy divorciada. Dejé de desperdiciar mi amor y mi tiempo con Duncan Pure-Drivel en cuanto me enteré de que me había sido infiel. Por supuesto, no sabía entonces que eso era indigno de una verdadera mujer.

SRA. GRUNDY.– Querida, el divorcio lo estamos permitiendo ahora. Estrictamente entre las que son muy ricas. Muchas de nuestras mejores familias están así ahora. Pero te hemos seleccionado por tu apariencia. Desafortunadamente, hay pocas mujeres verdaderas que sean tan estilosas.

SRTA. NOODLE.– Vaya ¿escucharon eso?

SRA. SWEET.– ¡Sí! ¡Me gusta!

SRA. GROUCH.– ¡Que sorpresa! (*Las mujeres protestan*)

SRA. ALLRIGHT.– (*Llamando al orden*) Señoras, señoras, señoras, por favor. La Sra. Grundy solamente quiere decir que las mujeres femeninas pasan todo el tiempo amando e intentando ser buenas.

SRA. GROUCH.– (*Se levanta enfadada*) Yo nunca he intentado ser buena. Siempre he sido buena.

SRTA. NOODLE.– Y yo. Vaya idea. ¿Y usted?

SRA. PURE-DRIVEL.– Nunca me he sentido más insultada en mi vida. Me dice en toda mi cara que porque tengo estilo ya no soy buena (*muy indignada*).

SRA. GRUNDY.– Mi querida Sra. Pure-Drivel, usted es lo más raro que hay en la tierra, una mujer que es buena y estilosa a la vez. (*La Sra. Pure-Drivel agradece el comentario y se sienta*).

SRA. ALLRIGHT.– Señoras, por favor, debemos seguir con lo que estábamos. Estamos aquí hoy para escuchar lo que nuestras compañeras van a decir al Comité Legislativo en la Audiencia acerca del tema del sufragio de las mujeres. Después de que las sufragistas hayan terminado yo daré mi discurso de apertura. Es el mismo que doy cada año. (*Mirando a la audiencia, como si fuera el comité*). Caballeros, el lugar de una mujer es su casa. Ninguna mujer de verdad debería dejarlo nunca para venir aquí y pelear sobre temas políticos. (*Aplauso*).

SRTA. MOORE.– Y me pregunto yo si estos hombres no pensarán que es divertido que usted no esté en casa.

SRA. ALLRIGHT.– (*Disgustada*) En absoluto. Ellos saben que me veo obligada a venir para defender a las mujeres de verdad.

SRTA. FOSTER.– ¿Por qué? ¿Quién te obliga a venir, Fanny?

SRTA. NOODLE.– Eso, a mí también me gustaría saberlo, quién nos obliga a hacer algo tan poco femenino. Mi hermano me preguntó por qué nosotras, las anti sufragio no nos quedábamos en casa y practicábamos lo que predicamos, y no supe qué contestarle.

SRA. ALLRIGHT.– (*Con aire de superioridad*) No tengo tiempo para entrar en esos temas.

SRTA. MOORE.– Y además ¿por qué te preocupas por esas otras mujeres que quieren votar?

SRA. ALLRIGHT.– Porque si se aprueba el sufragio todas tendremos que votar. Y yo prefiero morirme antes que votar.

SRTA. MOORE.– ¿Por qué tendrías que votar si no quieres?

SRA. GRUNDY.– ¿Obedecer leyes que hagan las mujeres? ¡Nunca!

SRA. GROUCH.– ¡Ni en toda tu vida! Si ellas votan, nosotras votaremos.

MUJERES.– (*Juntas*) Sí, claro, si ellas votan, nosotras también.

SRA. ALLRIGHT.– (*Con tono seductor*) Caballeros, el amor es nuestra religión. Marido, hogar, hijos. Esta es nuestra Santa Trinidad. Yo represento hoy aquí a todas las señoras que se oponen al sufragio para las mujeres, esposas y madres. ¡Ah! Estas palabras sagradas, esposas y madres. Son la mujer ideal de todos los hombres. La verdadera mujer. (*Las mujeres aplauden cuando la Sra. Allright termina*). Caballeros, aquí tenemos a la Sra. Sweet, la esposa y madre ideal. (*Las mujeres aplauden a la Sra. Sweet cuando se levanta*).

SRA. SWEET.– (*Tímida y con risa nerviosa*) ¡Oh cielos! Estoy tan nerviosa. Me comporto como una tonta.

SRA. GRUNDY.– Está todo bien, querida. Los hombres esperan que las mujeres actúen como tontas. Sra. presidenta, sugiero que todas repitamos el primer mandamiento de la "ley femenina" para animar a la Sra. Sweet.

SRA. ALLRIGHT.– Una idea espléndida, Sra. Grundy. Señoras, repitamos el primer mandamiento de la ley femenina, por favor.

MUJERES.– (*Al unísono*) "Ten tan poco cerebro como puedas y no uses todo lo que tengas".

SRA. GRUNDY.– Lo hará estupendamente, Sra. Sweet.

SRA. SWEET.– (*Halagada*) Oh ¿de verdad lo piensa?

SRTA. MOORE.– (*A la Srta. Berry*) Ella se comporta como si tuviera el cerebro más pequeño en cautividad.

SRA. SWEET.– (*Colocándose con una pose más dulce, y hablando a la audiencia que representa el Comité*). Caballeros, no sé nada de este tema del sufragio, y no quiero saber nada. (*Las mujeres aplauden*). Lo que sí sé es que tengo el mejor marido del mundo. Me ama sobre todas las cosas y honestamente, él piensa que soy la única mujer en el mundo. Mis bebés son los más lindos del mundo. Mi casa es un paraíso. Así ¿Por qué querría yo votar? ¿En qué me podría beneficiar?

SRTA. MOORE.– A la Sra. Sweet nadie la podrá convencer para que vote, ¿verdad Sra. Allright?

SRA. ALLRIGHT.– No, no, por supuesto que no. Prosiga Sra. Sweet.

SRA. SWEET.– (*Mira divertida a la Srta. Moore y luego cambia su pose a una más dulce*) Las mujeres están hechas para ser amadas y protegidas por el fuerte brazo de su amado esposo.

SRTA. BERRY.– Protegidas ¿de qué, Sra. Allright?

SRA. ALLRIGHT.– Bueno, ummm, no lo sé exactamente. Pero los hombres son muy sensibles en este aspecto, Srta. Berry. Todo ellos dicen que la mujer necesita protección de un hombre, ellos sabrán.

SRTA. MOORE.– Pero ¿esa tarea no la dejan a los policías?

131

SRA. GRUNDY.– Pero la idea es bonita, ¿no le parece Srta. Moore? Se llama caballerosidad. Los hombres dicen que no pueden sentirla si una mujer reclama igualdad.

SRTA. BERRY.– Y cuanto más inferior es una mujer más sienten ellos la caballerosidad, ¿es así?

SRA. ALLRIGHT.– Sí.

SRTA. BERRY.– Entonces ¿el hombre siente más caballerosidad hacia una cocinera o hacia la mujer que friega los suelos que a una dama de sociedad?

SRA. ALLRIGHT.– Oh, no. No lo creo.

SRTA. BERRY.– ¿Por qué no? La mujer que friega los suelos es de una clase mucho más inferior que la dama de sociedad.

SRTA. MOORE.– Quizá su caballerosidad se extiende un par de puestos hacia abajo en la escala social pero luego deja de funcionar

SRA. ALLRIGHT.– Qué inteligente por tu parte, querida, ya lo has descubierto por nosotras.

SRTA. NOODLE.– ¿Por qué? Yo pensaba que la caballerosidad era levantar el sombrero cuando pasa una mujer, llevar sus bolsas, y levantarse cuando una mujer entra en la habitación.

SRA. GROUCH.– Oh, cielos, no. Eso son modales de salón, como no comer con el cuchillo.

SRA. GRUNDY.– Señoras, mejor aceptamos este halo de una bella idea y no hacemos preguntas. Ya saben, los hombres son muy sentimentales.

SRA. ALLRIGHT.– Sra. Sweet, prosiga por favor.

SRA. SWEET.– Las mujeres de verdad no quieren pensar. Solamente desean florecer al lado de un hombre, en su casa, y extender la fragancia de su feminidad sobre la ocupada vida de su esposo, como dicen de manera tan maravillosa la asociación Tonterías de las Amas de Casa. (*Se sienta en medio de un gran aplauso*).

SRA. GRUNDY.– ¡Qué inspiración! Señoras, parece que la Sra. Sweet va a ser una de nuestras grandes oradoras.

SRA. ALLRIGHT.– Estoy de acuerdo con usted, Sra. Grundy. Pero yo sugeriría dejar fuera del discurso la pregunta de "¿En qué me beneficia votar?". Nunca debemos dejarles a esas sufragistas lo más mínimo para que aprovechen y nos contesten con estadísticas. Debemos decir que sentimos que estamos más seguras si nos dedicamos a las anticuadas charlas sobre marido, casa y niños. Entonces, no tendrán manera de arrinconarnos.

SRTA. NOODLE.– Oh, Sra. Sweet ¿No va a contar su encantadora historia?

SRA. SWEET.– Oh, Sra. Presidenta. ¡Olvidé contar mi historia!

SRA. ALLRIGHT.– Cuéntela Sra. Sweet, adelante.

SRA. SWEET.– (*Se levanta, diligente*). Caballeros, una vez conocí a una sufragista. Como todas ellas, ella renegaba de su marido y de su casa. Algunas veces se pasaba semanas sin ver a su niñita y una niñera ignorante se ocupaba de ella. La mujer pasaba todo el tiempo en los clubs de sufragistas. Un día, mientras cruzaba un parque vio un cochecito de bebé con el bebé dentro totalmente volcado contra un árbol. Algo lo habría volcado. El pobrecito bebé lloraba desconsolado. La niñera, que había estado hablando con un policía, ahora corría hacia el cochecito. Estaba pidiendo la dirección de la madre para informarle de lo que había sucedido. Oh, caballeros, esa era la niñera de su casa. Y el pobrecito y abandonado bebé era su niñita. *(Las antisufragistas están llorando)*. Como casi no la había visto, a duras penas la reconocía. Piensen en esto, caballeros, ¡una madre que no reconoce a su propio bebé! Eso es lo que sucederá en cada hogar si estas mujeres consiguen el derecho al voto. *(Se sienta)*.

SRA. ALLRIGHT.– Es una historia terrible, Sra. Sweet, y muy real.

SRTA. MOORE.– ¿Los hombres del Comité tienen sentido del humor?

SRA. ALLRIGHT.– No sabría decir. Me temo que no sé qué es tener sentido del humor. ¿Alguna anti sufragista tiene sentido del humor?

MUJERES.– No, no,… ¿eso qué es?

SRA. ALLRIGHT.– Lo ve, Srta. Moore, aquí nadie sabe lo que es.

SRTA. MOORE.– Ya veo.

SRA. ALLRIGHT.– Caballeros, una nuestras más jóvenes antisufragistas, que les rogará por "La chica del futuro", la Srta. Noodle.

SRTA. NOODLE.– *(Se levanta, comienza a hablar con timidez pero luego se va familiarizando y soltando)*. Caballeros, soy una chica, así que me gustaría decir algo sobre "La chica del futuro". Su destino está en sus manos caballeros. Los hombres no se casarán cuando las mujeres reclamen igualdad, y quieran ganar dinero de verdad. Así que no habrá maridos ni casas para las pobres chicas del futuro si estas sufragistas consiguen lo que se proponen. Creo que es verdaderamente egoísta y mezquino por parte de las mujeres que han tenido los dos grandes momentos que ahora las chicas quedemos fuera. Es puro odio, eso es lo que es. Mi hermano dice que un hombre no mirará dos veces a una mujer que quiera votar. Además, dice que estas sufragistas son todas unas solteronas o mujeres casadas "echadas a perder". Ustedes los hombres son inteligentes, dice mi hermano. Por favor, no se fíen de lo que digan porque en el futuro van a hacer cosas buenas por la raza humana. Porque de lo contrario no habrá raza en el futuro con la que seguir adelante. ¿Para qué sirven las chicas si no es para que los hombres les hagan el amor? Oh, caballeros, caballeros, por favor, arreglen esto para que la chica del futuro tenga su lugar. (*Grandes aplausos mientras ella se sienta*).

SRA. ALLRIGHT.– (*Con tono solemne*) Señoras, el atractivo de la Srta. Noodle es como un llanto que agoniza desde la cuna de la raza humana. Y ahora, señoras, antes de que se me olvide, debo advertirles acerca de no repetir un viejo discurso que ya hemos usado miles de veces. Por favor, por favor, no digan nada de las enormes hordas de mujeres sin reputación e inmorales que correrán a las urnas a contaminar a las esposas y madres puras mientras votan.

SRTA. MOORE.– Pero he creído entender que usted decía que las esposas y madres puras nunca votarán.

SRA. ALLRIGHT.– Por favor, Srta. Moore, esto es muy importante. Señoras, parece que estamos en esos lugares horribles donde las mujeres votan ahora. (*Las mujeres se cubren la cara con las manos y protestan*). Las mujeres de mala reputación se oponen al sufragio femenino tanto como las mujeres femeninas.

SRA. PURE-DRIVEL.– ¡Infame! ¡Cómo se atreve una mujer de dudosa reputación a tener sentimientos femeninos!

SRTA. NOODLE.– ¿Por qué será, querida?

SRA. ALLRIGHT.– (*Tosiendo, avergonzada*) ¡Ejem! ¡Ejem! Mejor no te comento la razón que ellas dan, querida niña. Por favor, tápate las orejas. (*La Srta. Noodle se pone los dedos en las orejas*). Ellas dicen que no les beneficiará en su negocio, que no es otro que complacer a los hombres.

SRTA. MOORE.– ¿Por qué? Ese también es nuestro negocio, ¿no, señoras? (*Riendo a carcajada*). Bien, debo admitir que es un buen chiste. (*Las tres mujers de visita ríen con alboroto. Las antisufragistas se miran las unas a las otras asombradas*).

SRA. GRUNDY.– Oh, es una pena que tengamos que prescindir de ese discurso, era muy efectivo.

SRTA. MOORE.– Ustedes las anti sufragistas parecen todas muy satisfechas con las cosas tal cual están. ¿No hay ningún derecho que como mujeres a alguna de ustedes les gustaría reclamar?

SRA. GROUCH.– Sí, hay un derecho que me gustaría tener.

SRTA. MOORE.– Bien. ¿Cuál es Sra. Grouch?

SRA. GROUCH.– El derecho a parecer tal y como Dios me hizo. Me gustaría ser tan gorda y calva y feúcha como los hombres tienen derecho a ser, y que nadie esperara que yo tuviera que disculparme por ello o pagarlo a lo largo de mi vida. Con todos los derechos que las sufragistas están reivindicando, es sorprendente que no hayan pensado en el derecho a ser alguien sin pretensiones en la apariencia física. Ojalá las mujeres pudieran unirse y ponerse en huelga por esto tema de la "belleza". Creo que resolvería toda esta cuestión de las "mujeres".

SRA. SWEET.– Oh, Sra. Presidenta, si las mujeres hicieran eso no habría columna de belleza femenina en las páginas de los periódicos y yo adoro esa columna de belleza.

SRTA. MOORE.– ¿Por qué? Todos esos artículos de "Cómo mantenerme bella" están escritos por hombres. Les pagan unos cuantos de cientos de dólares a las "bellezas" que se suponen que los escriben para usar su nombre. Las "bellezas" ni siquiera los conocen. Es un apaño entre las empresas y los editores de los periódicos.

SRA. SWEET.– No, eso no es cierto. Mi cuñada tiene una vecina que conoció a una mujer en un salón de té que le dijo que tenía una prima que conocía a una señora que tenía una amiga que habló con una chica que trabajaba como sirvienta para Lillian Russell.

SRA. ALLRIGHT.– (*Llamando al orden*). Señoras, señoras, señoras. La Sra. Grouch dice que ella no quiere hablar en la audiencia, así que la excusaré. Pero espero que nos cuente que pensaba decir si hubiera decidido acudir.

MUJERES.– Oh, sí, por favor, Sra. Grouch.

SRA. GROUCH.– (*Se levanta*) Señoras, estoy rodeada de hombres. Tengo ocho hermanos, dos maridos y cuatro hijos. El hecho de tener catorce hombres en la familia me ha dado la práctica necesaria pata tomar el pelo a los hombres y convencerles. Si una mujer tiene solamente uno o dos hombres para practicar, debería aprovechar cualquier oportunidad, como estas audiencias, para mantener la costumbre. Así es cómo una se convierte en experta en este juego. Estas sufragistas se saben todos los trucos, pero ¿qué nos importa? Si estas mujeres perdidas creen que van a conseguir cualquier cosa que los hombres quieren mantener para ellos, dejémoslas que sigan adelante y que lo intenten. Ustedes y yo sabemos que la manera de conseguir cosas de los hombres es lanzándoles arena a los ojos mediante el halago, la persuasión y la adulación. En el momento en el que miro a una mujer sé perfectamente cuanto sabe de este juego. Ustedes las anti sufragistas son más o menos embusteras expertas. Por eso soy una anti sufragista. Yo tengo solamente una razón para oponerme al sufragio femenino, y es esta. No he encontrado ninguna tarea en la que el hombre no quisiera a una mujer para ayudarle, especialmente en la parte más aburrida de la misma, ninguna excepto el voto. Y yo digo, si hay una sola cosa en la tierra que los hombres quieren hacer ellos solitos, por Dios santo, pues dejémosles. Animémoslos. *(Todas las mujeres ríen a carcajadas, como si la Sra. Grouch hubiera contado un chiste).*

SRA. ALLRIGHT.– Querida Sra. Grouch, usted siempre es tan divertida. *(A las visitas)* La Sra. Grouch es una de nuestras miembros más devotas, pero siempre está bromeando. *(Cambiando el tono a uno más serio)* Y ahora, caballeros, tengo el honor de presentarles a la Sra. Puncan Pure-Drivel, la Poetisa de nuestra causa.

SRA. PURE-DRIVEL.– *(Se levanta en medio de un gran aplauso. Con actitud de deferencia hacia los hombres imaginarios, baja la mirada; todo el discurso mantiene su tono y modales de Circe atrayendo a los hombres de manera sexual. El contenido supuestamente intelectual y las maneras sexua-*

les es lo que le da el humor a su papel). Caballeros, soy una mujer. (*Pausa*) Siempre he sido una mujer, así que puedo explicarles lo que siente una mujer. Una mujer no puede razonar, así que no entiende las leyes ni puede ayudar a hacerlas. Pero ella tiene algo más elevado que la razón, una intuición divina. Esta intuición divina no le sirve para nada a la mujer fuera de la cocina y del cuarto de los niños, y por otros motivos que superan la razón, no puede llegar a los temas de estado. El hecho de que los hombres descubrieran esto ha sido estupendo porque así pueden dejar el peso de la moral del universo a las mujeres. Esta es la esencia de todo. Una niña pequeña tiene dentro de ella desde su nacimiento el conocimiento intuitivo de lo bueno y lo malo. Así, cualquier pecado que cometa una mujer es un acto deliberado, desafiante contra la ley de su propia naturaleza. Por eso no debería haber piedad para las mujeres pecadoras. El hombre, parece, que aprende qué es el pecado despacio y con dolor y mediante la razón. Esta es la razón por la que los hombres no deberían ser castigados mientras están aprendiendo las lecciones de la vida. A hombres y mujeres no les sirven las mismas leyes morales. Es por ello por lo que a un hombre hay que perdonarle una y otra vez, incluso hasta el final.

SRTA. MOORE.– (*En un aparte a la Srta. Berry*) Buen discurso, teniendo en cuenta que es una mujer divorciada. ¡A esto lo llamo tener futuro!

SRTA. BERRY.– Recuerdo que quiere ser la número dos.

SRA. PURE-DRIVEL.– (*Señalando, con el dedo extendido a las sufragistas imaginarias*) Esas mujeres, parecen mujeres, aunque es difícil de creer, declaran que nuestra moral y nuestra estupidez ha sido alimentada por los hombres para su propia comodidad y confort. Yo lo niego, ¡En el nombre de la feminidad! Nuestra moral y nuestra estupidez nos la ha dado Dios. Son nuestro encanto secreto que nunca comprenderán los hombres y del que no quieren escapar. Al comienzo de los tiempos, hubo un decreto del cielo, por el cual el hombre debía referirse a la mujer como a su superior, pero tratarla como a un inferior. Así que, no hablemos más de votos ni de leyes. Estamos contentas con nuestro imperio sobre los corazones de los hombres. Estamos contentas de ser las reinas por el divino derecho del sexo. (*Aplausos*)

SRTA. NOODLE.– ¡Maravilloso!

SRA. ALLRIGHT.– ¡Espléndido!

SRA. GRUNDY.– ¡Impresionante!

SRA. ALLRIGHT.– Sra. Pure-Drivel, pienso que tenía que hablar la última, su esfuerzo es tan poético, tan original, tan irresistiblemente convincente. Pero la Sra. Grundy siempre tiene la última palabra, y ella es el baluarte de nuestra causa. Así que, caballeros, nuestra querida líder y compañera, la Sra. Grundy. (*Aplausos*).

SRA. GRUNDY.– (*Se levanta*) Caballeros, he sido su vieja buena amiga desde tiempo inmemorial. Todas las señoras Grundys[2] han trabajado fielmente a lo largo de los años para mantener a las mujeres en su lugar. Ustedes los hombres no lo habrían logrado son nuestra ayuda. No se levanten, caballeros, me abruman con su homenaje. Mantener a la mujer en su lugar nunca ha sido una tarea sencilla, pero en los últimos diez

---

[2] Juego de palabras en el original ya que Grundy tiene como sinónimo "puritana".

años he estado a punto de abandonar varias veces. Por supuesto, he mantenido la apariencia, como si nada especial estuviera sucediendo, pero dentro de mi soy consciente de que esta abominable herejía del sufragio femenino va a representar la muerte de los hombres. Y la última noticia desde California, según las cuales 87.000 mujeres más que hombres se han registrado para votar, está complicando el asunto. Ahora caballeros, he escuchado todas sus razones por las que las mujeres están montando este jolgorio, pero ninguno de ustedes ha dado en el clavo. No es la educación ni las condiciones laborales, nada de lo que ustedes han dicho. El problema empezó hace tiempo, en el siglo cuarto, cuando los Padres de la Iglesia, equivocados, se reunieron en cónclave y decidieron por mayoría simple, por un solo voto, piensen en esto caballeros, que la mujer tenía alma. Así que ella era responsable ante Dios, no ante los hombres, por los pecados de la carne. ¿En qué momento se les ocurrió semejante idea? Se preguntarán ustedes. Muy simple. Querían que la mujer apoyara la iglesia y tenían que ofrecerle un alma a cambio. Por supuesto, no le dieron a la mujer un alma para ella, sino que le dieron casi un alma que fuera segura y adecuada para ella, una que puedes devolver si no funciona bien. Ellos sabían la innata estupidez de la mujer. Ellos estaban seguros de que ella iría escalando en poder y gloria y a expensas de los hombres y que nunca pensarían en compartirlo. Y así fue durante quince siglos, cuando de repente una mujer se levantó, sola y sin ayuda y sin pedir permiso al Papa, y sin ofrecer compartir el poder o la gloria con los hombres, se erigió como cabeza de una nueva religión, Mary Baker Eddy[3]. Ahora,

---

[3] Fundadora de la Ciencia Cristiana.

lo que sucedió en la iglesia va a pasar en el estado. Si ustedes le dan el voto a la mujer, si las hacen alcaldesas, juezas y gobernadoras, ¿cómo acabará todo? Hay un millón más de mujeres que de hombres. Les ganarán en votos. Impondrán una nueva moral. Oh, ya sé, las mujeres no tienen imaginación, pero imitan estupendamente. Y les darán una imitación de ustedes que les paralizará. Castigarán al hombre por los pecados y ellas quedarán libres. Denles sus nombres en el matrimonio y ustedes perderán su identidad. Les pagarán por su trabajo con amor y adulación y se quedarán la mayor parte del dinero. En resumen, caballeros, darán la vuelta a todo. Solamente hay un remedio. Ustedes deben usarlo y hacerlo cuanto antes. ¡Despojen a las mujeres de su alma! Dar alma a las mujeres fue la causa de todo el problema. Si no pueden, entonces ya no hay esperanza. (*Todas las antisufragistas emocionadas al final del discurso y con la cara muestran el desastre de la situación*).

SRA. ALLRIGHT.– (*Llorando, casi de manera histérica*) Caballeros, casi no puedo controlar mis sentimientos para cerrar nuestros testimonios después de la dura advertencia de la Sra. Grundy. Pero queridos señores, por favor, no les dejen que nos conviertan en sheriffs y ediles.

ANTISUFRAGISTAS.– (*De rodillas, suplicando*) Oh, no caballeros, no les dejen.

SRA. ALLRIGHT.– No les dejen que seamos alcaldesas ni gobernadoras.

MUJERES.– (*Todavía de rodillas*) No, por favor, no les dejen.

SRA. ALLRIGHT.– Sálvennos, por favor de ese horrible destino.

MUJERES.– *(Llorando desconsoladas)* Sálvennos, sálvennos, por favor.

SRA. ALLRIGHT.– Moriremos, sí, renunciaremos a la vida, antes de que nos obliguen a ser senadoras o presidentas. *(Las anti sufragistas se retuercen del horror)*.

SRTA. MOORE.– *(La excitación se calma un poco y se acerca a consolar a la Sra. Allright)* Oh, tonterías, Fanny, no hay ningún peligro en forzar a las mujeres a entrar en las altas esferas de la política.

SRA. GRUNDY.– Sí, lo hay, jovencita. Con esta situación las sufragistas están ganando terreno, no quiero ni pensar que alguna de aquí viva lo suficiente como para ver a una mujer ser presidenta. *(Más retorcimientos de asco, y llantos)*.

SRTA. BERRY.– *(Le da la mano a la Sra. Allright)* Adiós, tenemos que irnos. Muchas gracias señoras.

SRTA. FOSTER.– Hemos disfrutado mucho.

SRA. ALLRIGHT.– ¿No les gustaría unirse a nuestro club?

SRTA. BERRY.– No podemos.

SRA. ALLRIGHT.– ¿Por qué? ¿No quieren pensarlo después de escuchar todo lo que hemos dicho?

SRTA. BERRY.– Oh, sí, hemos descubierto que somos sufragistas.

MUJERES.– ¡Sufragistas!

SRA. GROUCH.– Sabía que eran sufragistas en el momento en el que la vi.

SRTA. MOORE.– La otra noche le dije a una amiga que iba a ir a una reunión sufragista para ver si yo lo soy o

143

no. Ella dijo "No. Ve a una reunión anti sufragista. Te convertirán en sufragista en un momento". Todo el mundo dice que ustedes consiguen más sufragistas que las propias sufragistas.

SRTA. BERRY.– ¿Siempre lo consiguen tan rápido? ¡Es maravilloso!

SRA. ALLRIGHT.– ¿Qué está diciendo?

SRTA. MOORE.– Bien, francamente, señoras, hemos descubierto su secreto.

SRA. ALLRIGHT.– ¿Nuestro secreto?

SRTA. MOORE.– Sí y es muy inteligente. Debo felicitarlas, jajajaja.

SRTA. FOSTER.– Al principio pensamos que de verdad se creían todo lo que estaban diciendo, ¿verdad? (*risas*)

SRTA. MOORE.– Luego, nos percatamos de que todo era una farsa estupenda.

SRA. ALLRIGHT.– ¿Una farsa?

SRTA. BERRY.– Un juego espléndido. Representar a la "mujer femenina" tan bien que incluso las mujeres más indecisas se lanzan al sufragio como un refugio de la dignidad y respeto hacia sí mismas.

SRTA. FOSTER.– Así que ustedes y las sufragistas trabajan juntas, de manera diferente, para convertir a todas las mujeres a favor del sufragio, ¿no?

SRTA. MOORE.– Pero lo mejor de todo es cuando ustedes y las sufragistas vayan a la audiencia legislativa, haciendo creer que están enfrentadas y convertir a los hombres de comité. Incluso hasta un hombre se molestaría de tanta adulación.

SRTA. FOSTER.– Señoras ¿cómo consiguen mantener la compostura y no reírse?

SRTA. BERRY.– ¿Ustedes y las sufragistas se guiñan el ojo cuando no están mirando los hombres?

SRA. ALLRIGHT.– ¿Qué quieren decir?

SRTA. BERRY.– No se preocupe, no se lo vamos a decir a nadie.

SRTA. FOSTER.– Eso, tranquila. Les vamos a mandar toda la materia prima que podamos recoger para que ustedes las conviertan en sufragistas.

SRTA. MOORE.– Ahora mismo vamos a apuntarnos como sufragistas, recoger algunos libros, y ponernos manos a la obra.

SRTA. BERRY.– Y les diremos en las oficinas que ellas tienen que ponerse la pilas o las anti sufragistas las van a ganar en conversas por el sufragio femenino. "Votos para las mujeres".

INVITADAS.– (*Se van imitando una marcha y diciendo todas juntas*) ¡Votos para las mujeres! ¡Votos para las mujeres!

SRA. GRUNDY.– ¡Espías! Esas mujeres eran espías enviadas para tendernos una trampa.

(*Las mujeres se agolpan alrededor de la Sra. Allright que se ha desmayado*)

SRTA. NOODLE.– Querida ¿qué podemos hacer por ti?

145

SRA. GROUCH.– Necesita un reconstituyente bien fuerte. Fanny ¿qué tal un refresco de limón?

SRA. ALLRIGHT.– (*Reviviendo*) Y las llamé amigas, qué ingratas.

SRA. GROUCH.– Señoras, nos vamos a la farmacia más cercana. Venga, vamos. Invito a los refrescos.

TELÓN

Breve biografía
de las autoras

Alice Emma Ives (1876-1930) fue una dramaturga y periodista estadounidense. Natural de Detroit, desde muy joven escribió para los periódicos. Tuvo un éxito considerable como escritora de versos y relatos cortos, también como crítica dramática y de arte. Sus relatos, escritos para periódicos de Nueva York y Detroit, fueron muy leídos. Sus versos aparecieron en *Our Continent* y en el *New York Sunday Mercury*. Como dramaturga Ives, es más conocida por *The Village Postmaster* y *The Brooklyn Handicap*. Su primera obra, *Don Roderic*, fue muy elogiada; su producción en el Palmer's Theater de Nueva York fue un éxito y *Lavarre* y *A Flower of the Hills*, son también obras suyas.

Charlotte Perkins Gilman (1860–1935) fue una humanista, novelista, escritora, conferenciante, defensora de la reforma social estadounidense. Fue una feminista utópica y sirvió de modelo a las futuras generaciones de feministas por sus conceptos poco ortodoxos y su estilo de vida. Sus obras se centraron en el género, concretamente en la división del trabajo en la sociedad y en el problema de la dominación masculina. Su obra más recordada en la actualidad es su cuento semiautobiográfico "El papel amarillo", que escribió tras un grave episodio de psicosis posparto. Gilman participó activamente en la organización de movimientos de reforma social. Como delegada, representó a California en 1896 tanto en la convención de la Asociación Nacional Americana del Sufragio Femenino en Washington, D.C., como en el Congreso Internacional Socialista y Laborista en Londres. A lo largo del año 1890, escribió quince ensayos, poemas, y una novela corta. Como conferenciante de éxito su fama creció junto con su círculo social de activistas y escritoras del movimiento sufragista.

Kate Mills Fargo lamentablemente poco se sabe de esta autora. La obra aquí traducida se publicó por primera vez en 1912 de manera privada y se recoge en la obra editada por Bettina Friedl en 1987 que tampoco da mucha más información sobre ella.

Emily Sargent Lewis (1866-1931) nació en una familia de las originarias de Nueva Inglaterra. En 1911 se unió a la Liga Sufragista de Pensilvania dónde fue muy activa en todas las acciones que emprendieron. Fue productora de diversas obras de teatro y organizó y coordinó el programa "Obras sufragistas" celebrado el 16 de febrero de 1911 en el que se representaron obras de las dramaturgas sufragistas británicas Bessie Hatton, y Cicely Hamilton.

Mary Shaw (1854-1929) participó en el movimiento feminista estadounidense desde principios de la década de 1890. Interpretó muchos papeles polémicos en su carrera como actriz, y participó en algunas de las obras más controvertidas de su época de Henrik Ibsen, *La profesión de la Sra. Warren*, de George Bernard Shaw y muchas obras sobre el sufragio femenino. Shaw, junto con la actriz Jessie Bonstelle, diseñó el Woman's National Theatre a principios del siglo XX. Uno de los principales factores del éxito de Shaw como oradora y sufragista se debió a su asociación con clubes que se utilizaban para conseguir una mayor aceptación cultural y social de diferentes profesiones. Las actrices formaron clubes para desarrollar habili-
148

dades organizativas y oratorias, que más tarde ayudaron a Shaw en su labor en favor del movimiento sufragista femenino. El club de actrices más importante fue la Liga de Mujeres Profesionales, fundada por actrices y esposas de directores teatrales. En 1892 Shaw se convirtió en miembro de esta asociación que en 1913 se dividió en dos; Shaw y muchas de sus seguidoras se marcharon para formar el Gamut Club, de similares características.

ÍNDICE

Introducción,
por Verónica Pacheco 7

Fuentes citadas 27

Una muy nueva mujer,
de Alice E. Yves... 29

Algo por lo que votar,
de Charlotte Perkins Gilman 41

Una clase para aprender a votar o
una elección en Primerville,
de Kate Mills Fargo 73

Día de elecciones. Una obra sufragista,
de Emily Sargent Lewis 87

La jaula de las loras,
de Mary Shaw 107

Nuestras amigas las antisufragistas,
de Mary Shaw 121

Breve biografía de las autoras 147

Índice 151

Publicaciones de la ADE 153

PUBLICACIONES DE LA ASOCIACIÓN DE DIRECTORES DE ESCENA

www.adeteatro.com

Últimos títulos publicados

Serie: «Literatura dramática»

Nº 122 "LUCES, LUCES, LUCES / SEPTIEMBRE"
de Evelyne de la Chenelière
Edición y traducción de Rosa de Diego

Nº 123 "ANÍBAL / MEHMED II"
de Pierre C. C. de Marivaux
Edición y traducción de Lydia Vázquez

Nº 124 "EL DIABLO COJUELO"
de Luis Vélez de Guevarra
Versión escénica de Jesús Gómez Gutiérrez y Aitana Galán

Nº 125 "EL LEGADO / LA PRUEBA"
de Pierre C. C. de Marivaux
Edición y traducción de Lydia Vázquez

Serie: «Literatura dramática iberoamericana»

Nº 80 "LA ODISEA SEGÚN MARCO MANICIO"
de Agustín Iglesias

Nº 81 "AMBIENTE FAMILIAR (MÍNIMO 2 NOCHES)"
de Aitana Galán y Jesús Gómez Gutiérrez

Nº 82 "LOS AMANTES SARNOSOS"
de Agustín Iglesias

Nº 83 "ANTÁRTIDA"
de Raúl Hernández Garrido

Serie: «Premios Lope de Vega»

Nº 22 "LA FELICIDAD DE LA PIEDRA", de Alberto Miralles
"LOS BRUJOS DE ZUGARRAMURDI", de Fernando Doménech
Edición de José Gabriel López-Antuñano

Nº 23 "PICOSPARDO'S", de Javier García-Mauriño
"NO FALTÉIS ESTA NOCHE", de Santiago Martín Bermúdez
Edición de Julio Checa Puerta

Nº 24 "EN EL HOYO DE LAS AGUJAS", de José Luis Miranda
"RECREO", de Manuel Veiga
Edición de Salomé Aguiar

Serie: «Premios de teatro Rafael Dieste»

Nº 10 "FOOTING" / "FOOTING",
de Gustavo Pernas Cora (Edición bilingüe galego-castellano)
Edición de Manuel Forcadela.

Nº 11 "MATANZA" / "MATANZA",
de Roberto Salgueiro (Edición bilingüe galego-castellano)
Edición de Roberto Pascual

Nº 12 "A CIENCIA DOS ANXOS" / "LA CIENCIA DE LOS
ÁNGELES"
de Imma António (Edición bilingüe galego-castellano)
Estudio preliminar de Manuel F. Vieites.

Nº 13 "FINAL DE PELÍCULA" / "FINAL DE PELÍCULA",
de Gustavo Pernas Cora (Edición bilingüe galego-castellano)
Edición de Manuel Forcadela

Serie: «Debate»

Nº 27 "MÚSICA EN ESCENA"
de Tomás Marco

Nº 28 "ACCIONES CONCOMITANTES.
UN MÉTODO PARA LA ACTUACIÓN TEATRAL"
de Jarosław Bielski

Nº 29 "MARIUS PETIPA. DEL BALLET ROMÁNTICO AL
CLÁSICO"
Edición de Laura Hormigón

Nº 30 "UN CAMINO PARA LA INTERPRETACIÓN
ACTORAL"
de Juan Pastor Millet

Nº 31 "CAVILACIONES TEATRALES"
de Pedro Álvarez-Ossorio

Nº 32 "LA ESCALERA EN EL TEATRO"
de Javier Navarro de Zuvillaga

Nº 33 "LA MIRADA CREADORA ANTE LA
ESCENIFICACIÓN"
Edición de Jara Martínez Valderas, Marga del Hoyo Ventura y José
Manuel Teira Alcaraz

Nº 34 "20 DIRECTORES ROMPEDORES DE LA EUROPA
DEL ESTE"
Edición de Kalina Stefanova y Marvin Carlson

Nº 35 "DE LO DRAMÁTICO A LO POSTDRAMÁTICO. LA
ESCENA DEL SIGLO XXI (2)"
de José Gabriel López Antuñano

Serie: «Teoría y práctica del teatro»

N° 41 "ADRIÀ GUAL. TEORÍA ESCÉNICA"
Edición de Carles Batlle y Enric Gallén.
(Coedición ADE / Institut del Teatre)

N° 42 "EL BALLET ROMÁNTICO EN EL TEATRO DEL
CIRCO DE MADRID (1842-1850)"
de Laura Hormigón

N° 43 "ADOLFO MARSILLACH: ESCENIFICAR
A LOS CLÁSICOS (1986-1994)"
de Mariano de Paco Serrano

N° 44 "EL ACTOR BORBÓNICO (1700-1831)"
de Joaquín Álvarez Barrientos

N° 45 "LA TEORÍA DRAMÁTICA. UN VIAJE A TRAVÉS DEL
PENSAMIENTO TEATRAL"
de Jaume Melendres

Serie: «Laberinto de Fortuna»

N° 7 "LA ACTRIZ"
de Antonio Piazza

N° 8 "DOS LUCES EN LA ESPESURA"
de Juan Antonio Hormigón

N° 9 "MI GRAN CARTA"
del Marqués de Sade
Edición de Lydia Vázquez. (Edición bilingüe)

N° 10 "ESAS MUJERES DE MAYO DEL 68"
de Lydia Vázquez, Nadia Brouardelle,
Juan Manuel Ibeas y Beatriz Onandía